# Einstern

leicht gemacht

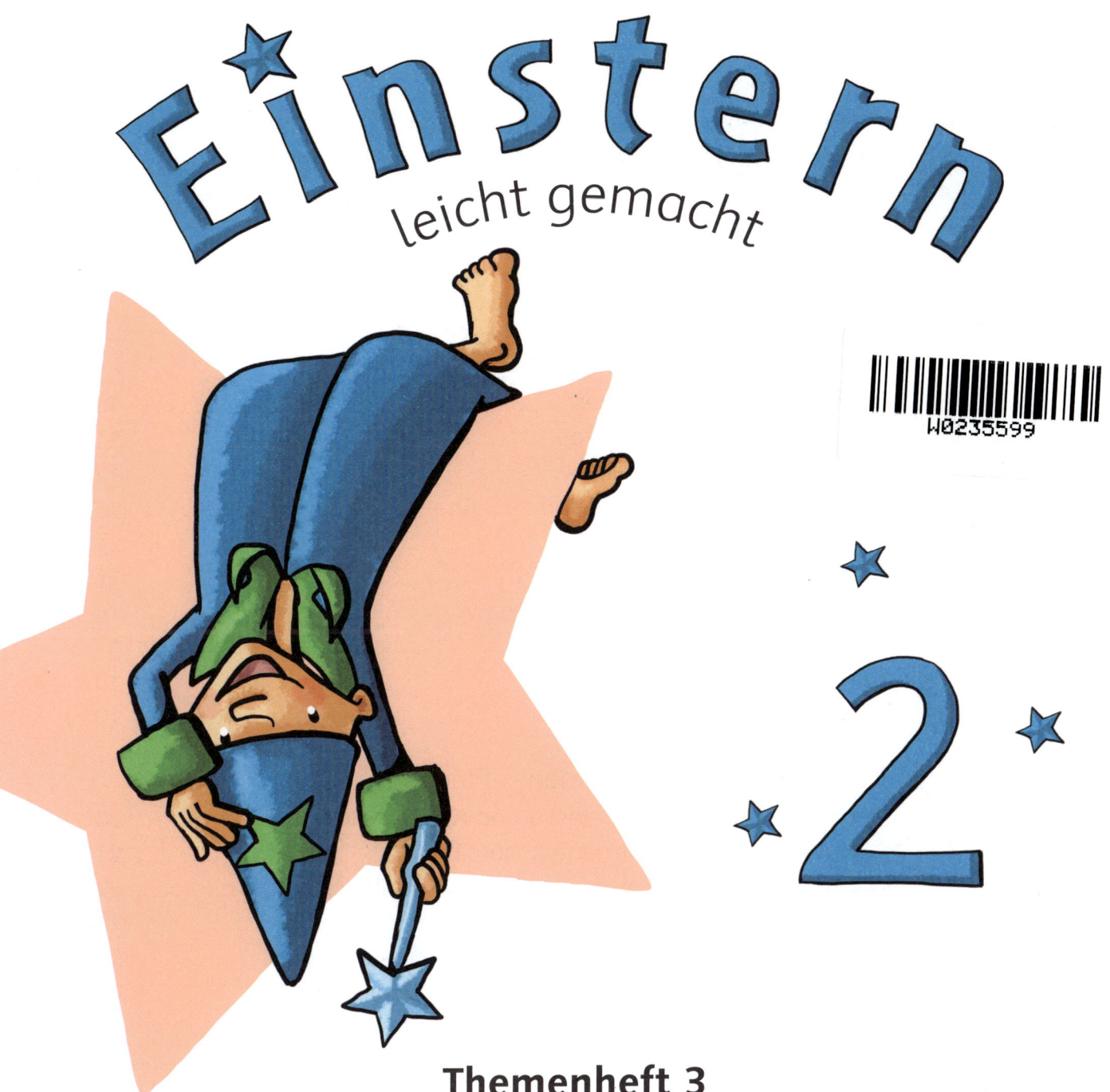

2

## Themenheft 3

⭐ Multiplikation und Division, Einmaleins
⭐ Flächen ⭐ Sachaufgaben Teil 3
⭐ Verdoppeln und halbieren / Gerade und ungerade Zahlen

Erarbeitet von Roland Bauer und Jutta Maurach

In Zusammenarbeit mit der Redaktion Mathematik Grundschule

**Cornelsen**

# Inhaltsverzeichnis

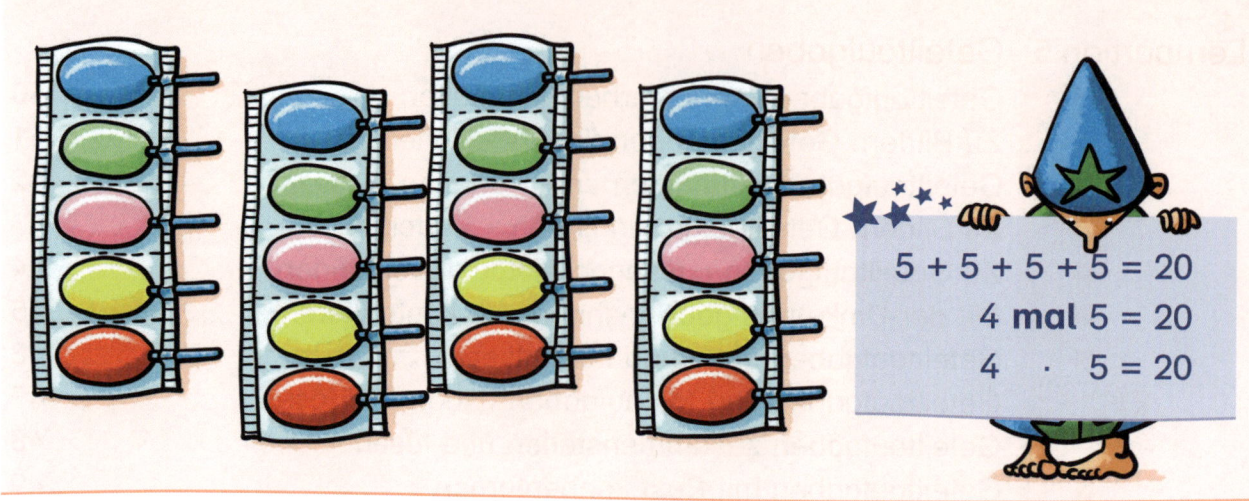

$$5 + 5 + 5 + 5 = 20$$
$$4 \text{ mal } 5 = 20$$
$$4 \cdot 5 = 20$$

**1** Schreibe zu jedem Bild die Plusaufgabe und die Malaufgabe.
Löse sie.

**a)**

$$10 + 10 + 10 = 30$$
$$3 \cdot 10 = 30$$

**b)**

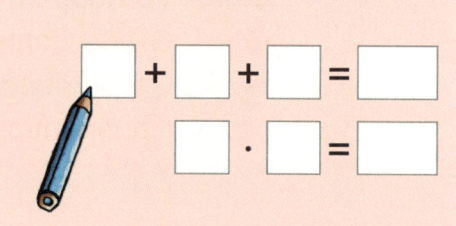

$$\square + \square + \square = \square$$
$$\square \cdot \square = \square$$

**c)**

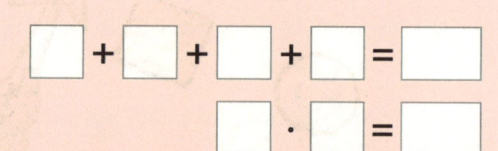

$$\square + \square + \square + \square = \square$$
$$\square \cdot \square = \square$$

**2** Zeichne oder fotografiere selbst zwei weitere Beispiele.
Bitte ein anderes Kind, dazu Plus- und Malaufgaben
zu schreiben.

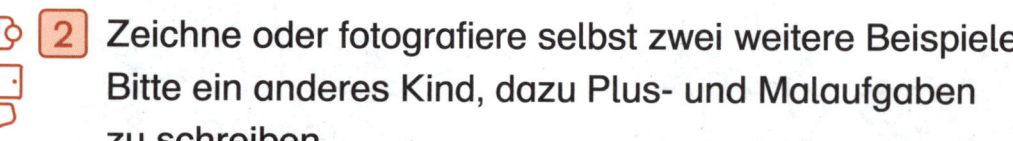

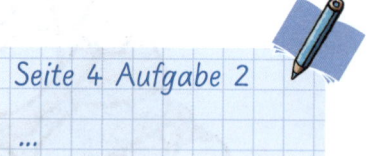

*Seite 4 Aufgabe 2*
*...*

★ zu bildlichen Darstellungen Plusaufgaben mit jeweils gleichen Summanden finden
★ Plusaufgaben in Malaufgaben übertragen ★ Rechenzeichen „·" kennenlernen und verwenden
★ **MK:** selbst Beispiele finden, zeichnen oder fotografieren

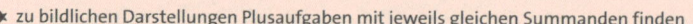

# Verschiedene Darstellungen in Punktebilder übertragen

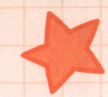

**1** Suche dir ein anderes Kind. Stellt mit Dingen Malaufgaben dar.
Legt passende Punktebilder dazu.

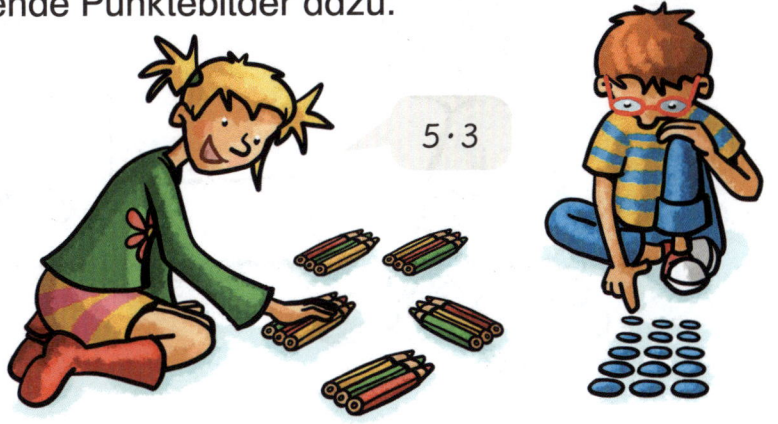

5 · 3

**2** Zeichne zu jedem Bild ein Punktebild.
Verbinde mit den passenden Aufgaben.

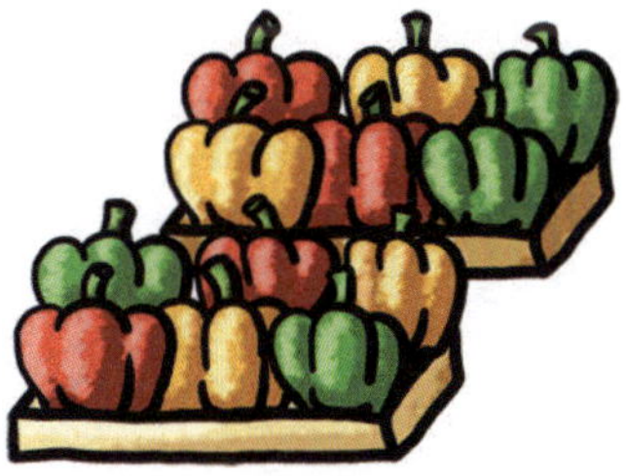

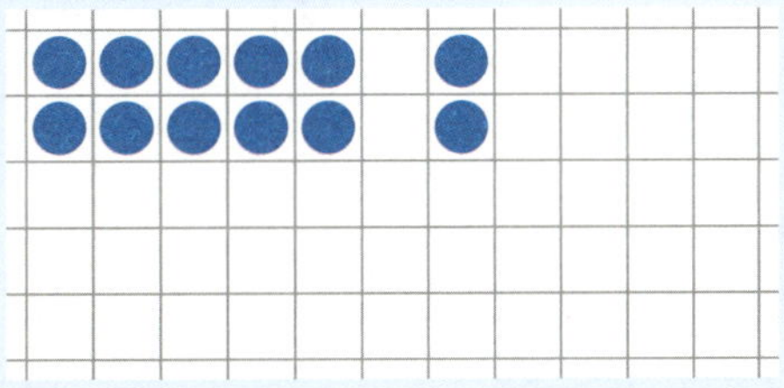

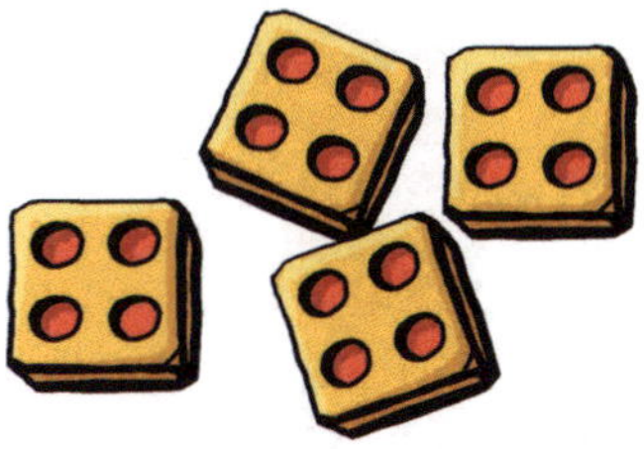

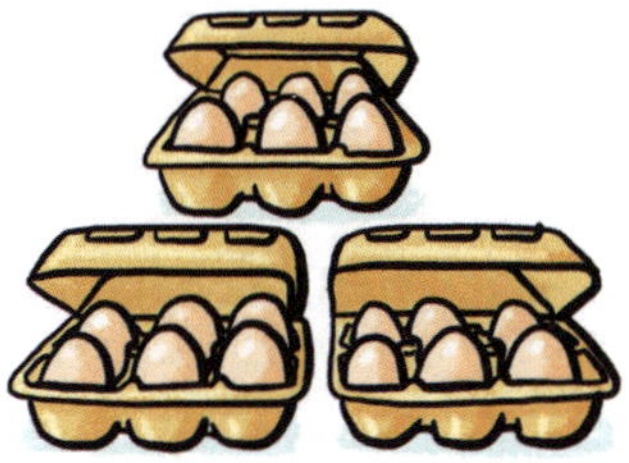

3 leere Kartons

$4 + 4 + 4 + 4 = 16$
$4 \cdot 4 = 16$

$6 + 6 = 12$
$2 \cdot 6 = 12$

$0 + 0 + 0 = 0$
$3 \cdot 0 = 0$

$6 + 6 + 6 = 18$
$3 \cdot 6 = 18$

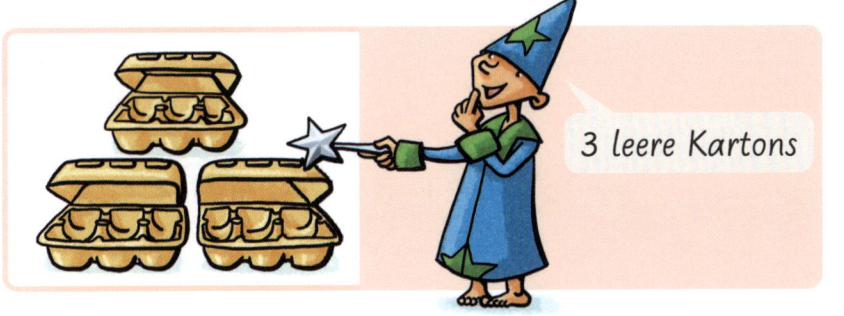

★ **SF:** konkret dargestellte Aufgaben in Punktebilder übertragen
und passende Malaufgaben nennen
★ bildliche Darstellungen in Punktebilder übertragen und Plus- und Malaufgaben zuordnen

**1** Suche dir ein anderes Kind.
Zeigt auf dem Hunderterfeld mithilfe des Malwinkels Punktefelder.
Findet die passenden Plus- und Malaufgaben.

$5 + 5 + 5 + 5 = 20$

$4 \cdot 5 = 20$

**2** Schreibe die passende Malaufgabe zu Punktefeld und Plusaufgabe.
Löse sie.

a]

$4 + 4 + 4 = \boxed{12}$

$\boxed{3} \cdot \boxed{4} = \boxed{12}$

b]

$7 + 7 = \boxed{\phantom{0}}$

$\boxed{\phantom{0}} \cdot \boxed{\phantom{0}} = \boxed{\phantom{0}}$

c]

$6 + 6 + 6 = \boxed{\phantom{0}}$

$\boxed{\phantom{0}} \cdot \boxed{\phantom{0}} = \boxed{\phantom{0}}$

d]

$3 + 3 + 3 + 3 + 3 = \boxed{\phantom{0}}$

$\boxed{\phantom{0}} \cdot \boxed{\phantom{0}} = \boxed{\phantom{0}}$

**3** Stelle auf dem Hunderterfeld mit dem Malwinkel passende Punktefelder dar.
Schreibe die Malaufgabe auf. Löse die Aufgaben.

a] $6 + 6 + 6 + 6 = \boxed{24}$

$\boxed{4} \cdot \boxed{6} = \boxed{24}$

b] $7 + 7 + 7 = \boxed{\phantom{0}}$

$\boxed{\phantom{0}} \cdot \boxed{\phantom{0}} = \boxed{\phantom{0}}$

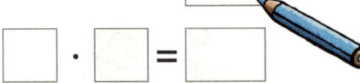

c] $9 + 9 = \boxed{\phantom{0}}$

$\boxed{\phantom{0}} \cdot \boxed{\phantom{0}} = \boxed{\phantom{0}}$

d] $8 + 8 + 8 + 8 = \boxed{\phantom{0}}$

$\boxed{\phantom{0}} \cdot \boxed{\phantom{0}} = \boxed{\phantom{0}}$

★ **SF:** Punktefelder auf dem Hunderterfeld mit dem Malwinkel darstellen, passende Plus- und Malaufgaben nennen ★ zu Punktebildern passende Malaufgaben finden

Das sieht Tim:

$3 \cdot 4 = 12$

$4 + 4 + 4 = 12$

Das sieht Lea:

$4 \cdot 3 = 12$

$3 + 3 + 3 + 3 = 12$

**1** Schreibe zu jedem Punktefeld die Malaufgabe.

Löse sie mithilfe der Plusaufgabe.

a]

Das sieht Tim:

Das sieht Lea:

$\boxed{4} + \boxed{4} + \boxed{4} + \boxed{4} + \boxed{4} + \boxed{4} = \boxed{24}$

$\boxed{6} \cdot \boxed{4} = \boxed{24}$

$\boxed{6} + \boxed{6} + \boxed{6} + \boxed{6} = \boxed{24}$

$\boxed{4} \cdot \boxed{6} = \boxed{24}$

b]

Das sieht Tim:

Das sieht Lea:

$\boxed{\phantom{0}} + \boxed{\phantom{0}} + \boxed{\phantom{0}} = \boxed{\phantom{0}}$

$\boxed{\phantom{0}} \cdot \boxed{\phantom{0}} = \boxed{\phantom{0}}$

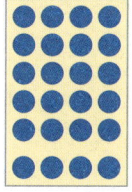

$\boxed{\phantom{0}} + \boxed{\phantom{0}} + \boxed{\phantom{0}} + \boxed{\phantom{0}} = \boxed{\phantom{0}}$

$\boxed{\phantom{0}} \cdot \boxed{\phantom{0}} = \boxed{\phantom{0}}$

c]

Das sieht Tim:

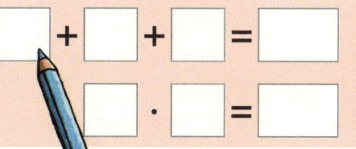

Das sieht Lea:

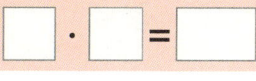

$\boxed{\phantom{0}} + \boxed{\phantom{0}} + \boxed{\phantom{0}} + \boxed{\phantom{0}} = \boxed{\phantom{0}}$

$\boxed{\phantom{0}} \cdot \boxed{\phantom{0}} = \boxed{\phantom{0}}$

$\boxed{\phantom{0}} + \boxed{\phantom{0}} + \boxed{\phantom{0}} + \boxed{\phantom{0}} + \boxed{\phantom{0}} = \boxed{\phantom{0}}$

$\boxed{\phantom{0}} \cdot \boxed{\phantom{0}} = \boxed{\phantom{0}}$

★ über unterschiedliche Betrachtungsrichtungen zu einer Abbildung zwei unterschiedliche
Malaufgaben finden ★ SF: den Begriff „Tauschaufgabe" kennenlernen und anwenden

ÜH 30

**7**

| Nachbaraufgabe | Aufgabe | Nachbaraufgabe |
|---|---|---|

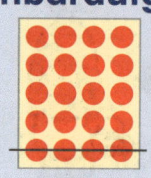  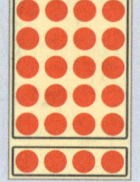

| | | |
|---|---|---|
| $5 \cdot 4 = 20$ | | $5 \cdot 4 = 20$ |
| $1 \cdot 4 = 4$ | | $1 \cdot 4 = 4$ |
| $4 \cdot 4 = 16$ | $5 \cdot 4 = 20$ | $6 \cdot 4 = 24$ |

*Eine Reihe weniger*  *Eine Reihe mehr*

**1** Löse die Nachbaraufgaben.

**a)**

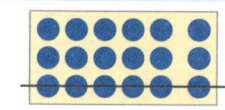 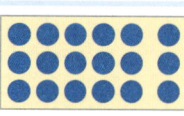 

| | | |
|---|---|---|
| $3 \cdot 6 = \boxed{18}$ | | $3 \cdot 6 = \boxed{\phantom{0}}$ |
| $1 \cdot 6 = \boxed{6}$ | | $1 \cdot 6 = \boxed{\phantom{0}}$ |
| $2 \cdot 6 = \boxed{12}$ | $3 \cdot 6 = 18$ | $4 \cdot 6 = \boxed{\phantom{0}}$ |

**b)**

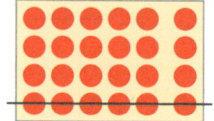 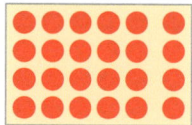 

| | | |
|---|---|---|
| $4 \cdot 6 = \boxed{\phantom{0}}$ | | $4 \cdot 6 = \boxed{\phantom{0}}$ |
| $1 \cdot 6 = \boxed{\phantom{0}}$ | | $1 \cdot 6 = \boxed{\phantom{0}}$ |
| $3 \cdot 6 = \boxed{\phantom{0}}$ | $4 \cdot 6 = 24$ | $5 \cdot 6 = \boxed{\phantom{0}}$ |

**c)**

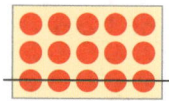  

| | | |
|---|---|---|
| $3 \cdot 5 = \boxed{\phantom{0}}$ | | $3 \cdot 5 = \boxed{\phantom{0}}$ |
| $1 \cdot 5 = \boxed{\phantom{0}}$ | | $1 \cdot 5 = \boxed{\phantom{0}}$ |
| $2 \cdot 5 = \boxed{\phantom{0}}$ | $3 \cdot 5 = 15$ | $4 \cdot 5 = \boxed{\phantom{0}}$ |

★ Nachbaraufgaben von Malaufgaben kennenlernen und bilden
★ SF: den Begriff „Nachbaraufgabe" kennenlernen und anwenden

Ich bilde aus Malaufgaben weitere Malaufgaben.

5 · 4
1 · 4
6 · 4

Ich setze zusammen.

10 · 4
2 · 4
8 · 4

Ich nehme weg.

---

**1** Bilde Malaufgaben aus anderen Malaufgaben.

zusammensetzen

a)

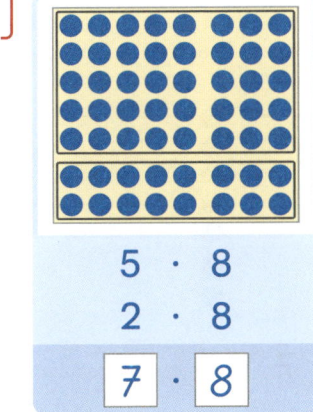

5 · 8
2 · 8
7 · 8

b)

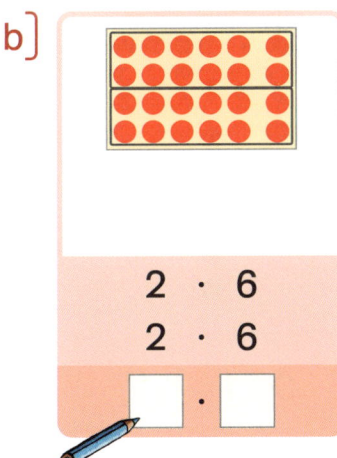

2 · 6
2 · 6
☐ · ☐

c)

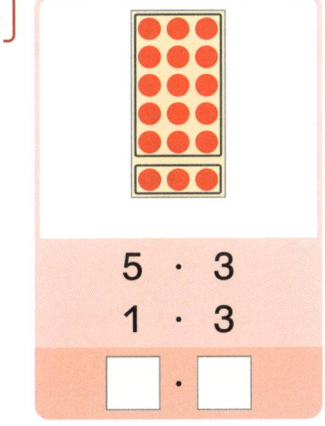

5 · 3
1 · 3
☐ · ☐

---

**2** Bilde Malaufgaben aus anderen Malaufgaben.

wegnehmen

a)

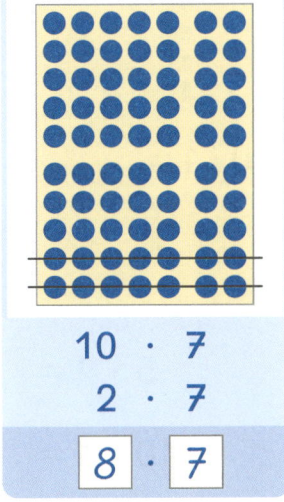

10 · 7
2 · 7
8 · 7

b)

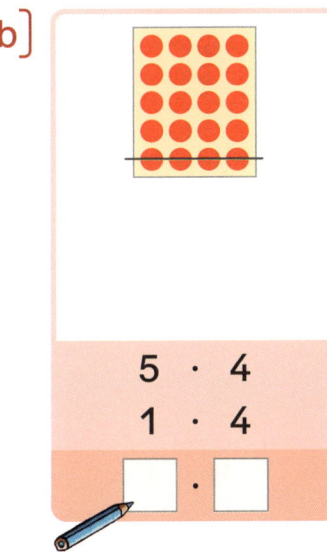

5 · 4
1 · 4
☐ · ☐

c)

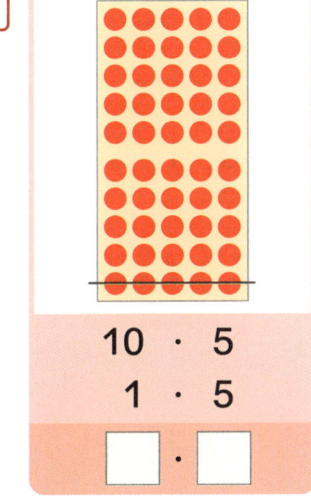

10 · 5
1 · 5
☐ · ☐

---

★ mithilfe von Punktebildern Malaufgaben durch Addieren bzw. Subtrahieren
von Malaufgaben bilden

D 41

ÜH 31

Das sind 7 einzelne Äpfel.

7 · 1 = 7

**1** Schreibe zu den Punktefeldern passend das Einmaleins mit 1.

1 · 1 = $\boxed{1}$

2 · 1 = $\boxed{\phantom{0}}$

3 · 1 = $\boxed{\phantom{0}}$

4 · 1 = $\boxed{\phantom{0}}$

5 · 1 = $\boxed{\phantom{0}}$

6 · 1 = $\boxed{\phantom{0}}$

7 · 1 = $\boxed{\phantom{0}}$

8 · 1 = $\boxed{\phantom{0}}$

9 · 1 = $\boxed{\phantom{0}}$

10 · 1 = $\boxed{\phantom{0}}$

**2** Löse das Einmaleins mit 1.

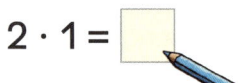

1 · 1 = $\boxed{\phantom{0}}$    2 · 1 = $\boxed{\phantom{0}}$    3 · 1 = $\boxed{\phantom{0}}$    4 · 1 = $\boxed{\phantom{0}}$    5 · 1 = $\boxed{\phantom{0}}$

6 · 1 = $\boxed{\phantom{0}}$    7 · 1 = $\boxed{\phantom{0}}$    8 · 1 = $\boxed{\phantom{0}}$    9 · 1 = $\boxed{\phantom{0}}$    10 · 1 = $\boxed{\phantom{0}}$

★ Punktebilder in Malaufgaben zum Einmaleins mit 1 übertragen
★ Aufgaben zum Einmaleins mit 1 lösen

*Zusammen 20 Finger*

$2 \cdot 10 = 20$

**1** Schreibe zu den Punktefeldern passend das Einmaleins mit 10.

$1 \cdot 10 = \boxed{10}$

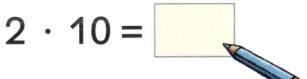

$2 \cdot 10 = \boxed{\phantom{00}}$

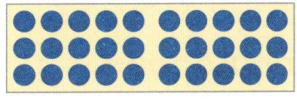

$3 \cdot 10 = \boxed{\phantom{00}}$

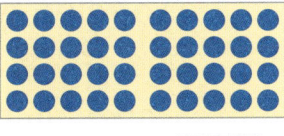

$4 \cdot 10 = \boxed{\phantom{00}}$

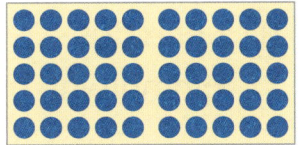

$5 \cdot 10 = \boxed{\phantom{00}}$

$6 \cdot 10 = \boxed{\phantom{00}}$

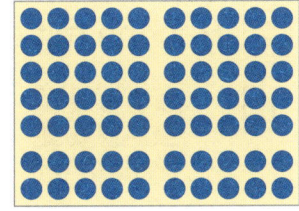

$7 \cdot 10 = \boxed{\phantom{00}}$

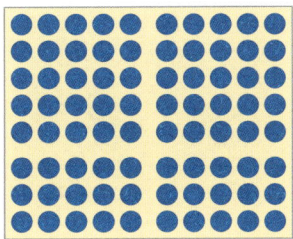

$8 \cdot 10 = \boxed{\phantom{00}}$

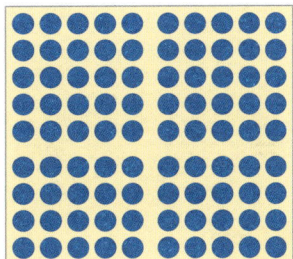

$9 \cdot 10 = \boxed{\phantom{00}}$

$10 \cdot 10 = \boxed{\phantom{00}}$

**2** Löse das Einmaleins mit 10.

$1 \cdot 10 = \boxed{\phantom{0}}$ $\quad 2 \cdot 10 = \boxed{\phantom{0}}$ $\quad 3 \cdot 10 = \boxed{\phantom{0}}$ $\quad 4 \cdot 10 = \boxed{\phantom{0}}$ $\quad 5 \cdot 10 = \boxed{\phantom{0}}$

$6 \cdot 10 = \boxed{\phantom{0}}$ $\quad 7 \cdot 10 = \boxed{\phantom{0}}$ $\quad 8 \cdot 10 = \boxed{\phantom{0}}$ $\quad 9 \cdot 10 = \boxed{\phantom{0}}$ $\quad 10 \cdot 10 = \boxed{\phantom{0}}$

Zusammen 30 Zehen

$6 \cdot 5 = 30$

**1** Löse die Kernaufgaben.

$1 \cdot 5 =$ ⬜

$2 \cdot 5 =$ ⬜

$5 \cdot 5 =$ ⬜

$10 \cdot 5 =$ ⬜

Die roten Aufgaben $1 \cdot$ ⬛, $2 \cdot$ ⬛, $5 \cdot$ ⬛ und $10 \cdot$ ⬛ sind die **Kernaufgaben**. Merke sie dir gut. Mit ihnen kannst du die anderen Aufgaben lösen.

**2** Rechne mit den Kernaufgaben.

a)

$2 \cdot 5 = \boxed{10}$
$1 \cdot 5 = \boxed{5}$
$3 \cdot 5 = $ ⬜

$5 \cdot 5 = $ ⬜
$1 \cdot 5 = $ ⬜
$6 \cdot 5 = $ ⬜

$5 \cdot 5 = $ ⬜
$2 \cdot 5 = $ ⬜
$7 \cdot 5 = \boxed{35}$

b)

$5 \cdot 5 = \boxed{25}$
$1 \cdot 5 = \boxed{5}$
$4 \cdot 5 = $ ⬜

$10 \cdot 5 = $ ⬜
$2 \cdot 5 = $ ⬜
$8 \cdot 5 = $ ⬜

$10 \cdot 5 = $ ⬜
$1 \cdot 5 = $ ⬜
$9 \cdot 5 = $ ⬜

**3** Löse das Einmaleins mit 5.

$1 \cdot 5 = $ ⬜
$2 \cdot 5 = $ ⬜
$3 \cdot 5 = $ ⬜
$4 \cdot 5 = $ ⬜
$5 \cdot 5 = $ ⬜
$6 \cdot 5 = $ ⬜
$7 \cdot 5 = $ ⬜
$8 \cdot 5 = $ ⬜
$9 \cdot 5 = $ ⬜
$10 \cdot 5 = $ ⬜

★ Kernaufgaben und ihre Bedeutung kennenlernen ★ Kernaufgaben lösen ★ durch Addition und Subtraktion von Kernaufgaben weitere Aufgaben aus dem Einmaleins mit 5 erschließen ★ Aufgaben zum Einmaleins mit 5 lösen

**1** Löse die Aufgaben aus dem Einmaleins mit 5.

a)  5 · 5 = ☐
10 · 5 = ☐
2 · 5 = ☐

b)  6 · 5 = ☐
7 · 5 = ☐
9 · 5 = ☐

c)  ☐ · 5 = 20
☐ · 5 = 0
☐ · 5 = 40

**2** Löse die Aufgaben aus dem Einmaleins mit 10.

a)  2 · 10 = ☐
10 · 10 = ☐
5 · 10 = ☐

b)  7 · 10 = ☐
4 · 10 = ☐
9 · 10 = ☐

c)  ☐ · 10 = 10
☐ · 10 = 30
☐ · 10 = 80

**3** Löse die Aufgaben.

a)  4 · 5 = 20
4 · 10 = ☐

b)  2 · 5 = ☐
2 · 10 = ☐

c)  ☐ · 5 = 25
☐ · 10 = 50

d)  ☐ · 5 = 15
☐ · 10 = 30

**4** Betrachte Aufgaben und Ergebnisse aus ③.
Besprich die Aussage mit einem anderen Kind:

*Das Ergebnis der ·10-Aufgabe ist immer das Doppelte vom Ergebnis der ·5-Aufgabe.*

**5** Suche dir ein anderes Kind.
Übt gemeinsam die Aufgaben
aus dem Einmaleins mit 5.
Übt auch die Aufgaben aus
dem Einmaleins mit 1 und 10.

★ Aufgaben zum Einmaleins mit 5 und 10 lösen
★ MK: Zusammenhänge zwischen dem Einmaleins mit 5 und 10 entdecken
★ Aufgaben zum Einmaleins mit 1, 5 und 10 in Partnerarbeit mit Rechenkärtchen üben

AH 35    1·1    B    13

Das sind 6 Kirschen.

3 · 2 = 6

**1** Löse die Kernaufgaben.

1 · 2 = ☐    2 · 2 = ☐    5 · 2 = ☐    10 · 2 = ☐

**2** Rechne mit den Kernaufgaben.

a)

2 · 2 = 4        5 · 2 = ☐        5 · 2 = ☐
1 · 2 = 2        1 · 2 = ☐        2 · 2 = ☐
3 · 2 = ☐        6 · 2 = ☐        7 · 2 = ☐

b)

5 · 2 = 10       10 · 2 = ☐       10 · 2 = ☐
1 · 2 = 2        2 · 2 = ☐        1 · 2 = ☐
4 · 2 = ☐        8 · 2 = ☐        9 · 2 = ☐

**3** Löse das Einmaleins mit 2.

1 · 2 = ☐
2 · 2 = ☐
3 · 2 = ☐
4 · 2 = ☐
5 · 2 = ☐
6 · 2 = ☐
7 · 2 = ☐
8 · 2 = ☐
9 · 2 = ☐
10 · 2 = ☐

★ Kernaufgaben lösen ★ durch Addition und Subtraktion von Kernaufgaben
weitere Aufgaben aus dem Einmaleins mit 2 erschließen
★ Aufgaben aus dem Einmaleins mit 2 lösen

**1** Löse die Aufgaben aus dem Einmaleins mit 2.

a) $5 \cdot 2 = $ ☐

$1 \cdot 2 = $ ☐

$2 \cdot 2 = $ ☐

b) $7 \cdot 2 = $ ☐

$3 \cdot 2 = $ ☐

$9 \cdot 2 = $ ☐

c) ☐ $\cdot\ 2 = 16$

☐ $\cdot\ 2 = 12$

☐ $\cdot\ 2 = 8$

**2** Löse die Aufgaben aus dem Einmaleins mit 1, 2, 5 und 10.

a) $4 \cdot 1 = $ ☐

$4 \cdot 2 = $ ☐

$4 \cdot 5 = $ ☐

$4 \cdot 10 = $ ☐

b) $6 \cdot 1 = $ ☐

$6 \cdot 2 = $ ☐

$6 \cdot 5 = $ ☐

$6 \cdot 10 = $ ☐

c) $8 \cdot 1 = $ ☐

$8 \cdot 2 = $ ☐

$8 \cdot 5 = $ ☐

$8 \cdot 10 = $ ☐

**3** Löse die Aufgaben aus dem Einmaleins mit 1 und aus dem Einmaleins mit 2.
Besprich mit einem anderen Kind, was dir auffällt.

a) $3 \cdot 1 = 3$

$3 \cdot 2 = $ ☐

b) ☐ $\cdot\ 1 = 5$

☐ $\cdot\ 2 = 10$

c) ☐ $\cdot\ 1 = 7$

☐ $\cdot\ 2 = 14$

**4** Löse die Aufgaben aus dem Einmaleins mit 5 und aus dem Einmaleins mit 10.
Besprich mit einem anderen Kind, was dir auffällt.

a) $6 \cdot 5 = $ ☐

$6 \cdot 10 = $ ☐

b) ☐ $\cdot\ 5 = 15$

☐ $\cdot\ 10 = 30$

c) ☐ $\cdot\ 5 = 5$

☐ $\cdot\ 10 = 10$

**5** Suche dir ein anderes Kind.
Übt gemeinsam die Aufgaben aus dem Einmaleins mit 2.
Übt auch die Aufgaben aus dem Einmaleins mit 1, 5 und 10.

★ Aufgaben zum Einmaleins mit 1, 2, 5 und 10 lösen
★ **MK:** Zusammenhänge zwischen dem Einmaleins mit 1 und 2 sowie 5 und 10 entdecken
★ Aufgaben zum Einmaleins mit 1, 2, 5 und 10 in Partnerarbeit mit Rechenkärtchen üben

| · | 1 | 2 | 3 | 4 | 5 | 6 | 7 | 8 | 9 | 10 |
|---|---|---|---|---|---|---|---|---|---|----|
| 1 | 1 | 2 | 3 | 4 | 5 | 6 | 7 | 8 | 9 | 10 |
| 2 | 2 | 4 | 6 | 8 | 10 | 12 | 14 | 16 | 18 | 20 |
| 3 | | | | | | | | | | |
| 4 | | | | | | | | | | |
| 5 | 5 | 10 | 15 | 20 | 25 | 30 | 35 | 40 | 45 | 50 |
| 6 | | | | | | | | | | |
| 7 | | | | | | | | | | |
| 8 | | | | | | | | | | |
| 9 | | | | | | | | | | |
| 10 | 10 | 20 | 30 | 40 | 50 | 60 | 70 | 80 | 90 | 100 |

> Das Einmaleins mit 1, 2, 5 und 10 kann ich schon.

> Viele neue Aufgaben kann ich mit den **Tauschaufgaben** lösen.

die **Einmaleinstafel**

**1** Löse die Aufgaben.
Trage die Ergebnisse in die Spalten der Einmaleinstafel ein.

**a)** Löse die Aufgaben aus dem Einmaleins mit 1.

**b)** Löse die Aufgaben aus dem Einmaleins mit 2.

**c)** Löse die Aufgaben aus dem Einmaleins mit 5.

**d)** Löse die Aufgaben aus dem Einmaleins mit 10.

**2** Betrachte in der Einmaleinstafel die Zeilen und Spalten.
Sprich mit einem anderen Kind darüber, was dir auffällt.

**3** Suche dir ein anderes Kind. Stellt euch gegenseitig Aufgaben
zum Einmaleins mit 1, 2, 5 und 10 und bildet die Tauschaufgaben.

> 7 · 5 = 35

> 5 · 7 = 35

> Die Tauschaufgaben der Einmaleinsaufgaben mit 1, 2, 5 und 10 sind die **Kernaufgaben**.

1 · 1
B

★ **MK:** die Anordnung von Malaufgaben und deren Tauschaufgaben in der Einmaleinstafel
erkennen ★ **MK:** erkennen, dass die Tauschaufgaben der Einmaleinsaufgaben mit 1, 2, 5 und 10
die Kernaufgaben sind ★ mit der Einmaleinstafel üben

Ich setze die **Kernaufgaben** zusammen.

Die **Tauschaufgaben** helfen mir. So kann ich die **Kernaufgaben** schon lösen.

$5 \cdot 4 = 20$
$1 \cdot 4 = 4$
$6 \cdot 4 = 24$

**1** Löse die Kernaufgaben mithilfe der Tauschaufgaben.
Rechne dann weiter.

**a)**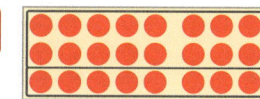

Ich rechne die **Tauschaufgaben:**
$8 \cdot 2 = 16$ und $8 \cdot 1 = 8$.

$2 \cdot 8 = \boxed{16}$
$1 \cdot 8 = \boxed{8}$
$3 \cdot 8 = \boxed{24}$

**b)**

$5 \cdot 3 = \boxed{\phantom{00}}$
$2 \cdot 3 = \boxed{\phantom{0}}$
$7 \cdot 3 = \boxed{\phantom{00}}$

**c)**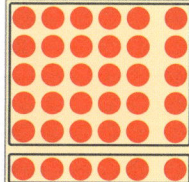

$5 \cdot 6 = \boxed{\phantom{00}}$
$1 \cdot 6 = \boxed{\phantom{0}}$
$6 \cdot 6 = \boxed{\phantom{00}}$

**d)**

$2 \cdot 4 = \boxed{\phantom{0}}$
$2 \cdot 4 = \boxed{\phantom{0}}$
$4 \cdot 4 = \boxed{\phantom{00}}$

**e)**

$2 \cdot 7 = \boxed{\phantom{00}}$
$1 \cdot 7 = \boxed{\phantom{0}}$
$3 \cdot 7 = \boxed{\phantom{00}}$

★ Tauschaufgaben zur Lösung der Kernaufgaben nutzen
★ Malaufgaben mithilfe von Kernaufgaben lösen (Addition von Kernaufgaben)

17

Ich ziehe die **Kernaufgaben** voneinander ab.

Die **Tauschaufgaben** helfen mir. So kann ich die **Kernaufgaben** schon lösen.

$10 \cdot 4 = 40$
$1 \cdot 4 = 4$
$9 \cdot 4 = 36$

---

**1** Löse die Kernaufgaben mithilfe der Tauschaufgaben.
Rechne dann weiter.

**a)**

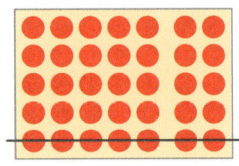

Ich rechne die **Tauschaufgaben:** $7 \cdot 5 = 35$ und $7 \cdot 1 = 7$.

$5 \cdot 7 = \boxed{35}$
$1 \cdot 7 = \boxed{7}$
$4 \cdot 7 = \boxed{28}$

**b)**

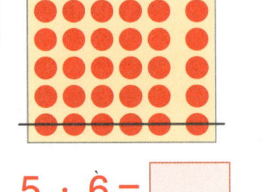

$5 \cdot 6 = \boxed{\phantom{00}}$
$1 \cdot 6 = \boxed{\phantom{00}}$
$4 \cdot 6 = \boxed{\phantom{00}}$

**c)**

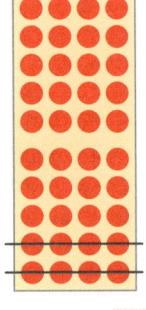

$10 \cdot 4 = \boxed{\phantom{00}}$
$2 \cdot 4 = \boxed{\phantom{00}}$
$8 \cdot 4 = \boxed{\phantom{00}}$

**d)**

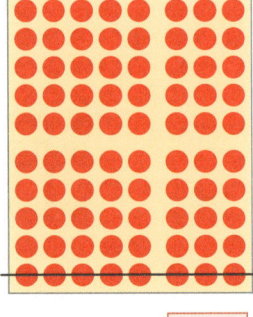

$10 \cdot 8 = \boxed{\phantom{00}}$
$1 \cdot 8 = \boxed{\phantom{00}}$
$9 \cdot 8 = \boxed{\phantom{00}}$

**e)**

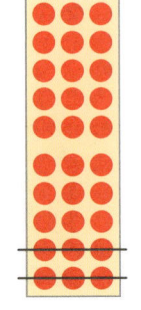

$10 \cdot 3 = \boxed{\phantom{00}}$
$2 \cdot 3 = \boxed{\phantom{00}}$
$8 \cdot 3 = \boxed{\phantom{00}}$

★ Tauschaufgaben zur Lösung der Kernaufgaben nutzen
★ Malaufgaben mithilfe von Kernaufgaben lösen (Subtraktion von Kernaufgaben)

**1** Finde die Tauschaufgaben. Löse beide Aufgaben.

a] 2 · 4 = ☐

4 · 2 = 8

b] 5 · 8 = ☐

☐ · ☐ = ☐

c] 1 · 7 = ☐

☐ · ☐ = ☐

d] 10 · 6 = ☐

☐ · ☐ = ☐

e] 2 · 3 = ☐

☐ · ☐ = ☐

f] 5 · 7 = ☐

☐ · ☐ = ☐

**2** Löse die Aufgaben mithilfe der Tausch- und Kernaufgaben.

a]

5 · 3 = 15

1 · 3 = 3

6 · 3 = ☐

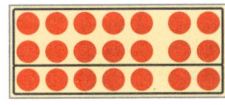

3 · 5 = 15

3 · 1 = 3

b]

2 · 7 = ☐

1 · 7 = ☐

3 · 7 = ☐

c]

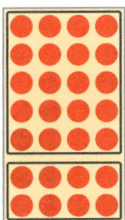

5 · 4 = ☐

2 · 4 = ☐

7 · 4 = ☐

d]

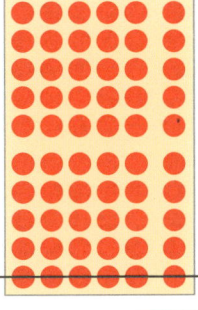

10 · 6 = ☐

1 · 6 = ☐

9 · 6 = ☐

e]

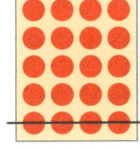

5 · 4 = ☐

1 · 4 = ☐

4 · 4 = ☐

f]

10 · 3 = ☐

2 · 3 = ☐

8 · 3 = ☐

★ zu Kernaufgaben die passenden Tauschaufgaben finden
★ Malaufgaben mithilfe von Kernaufgaben lösen (über Addition und Subtraktion)

19

# Rechtecke, Quadrate, Dreiecke und Kreise entdecken

A
B
C
D
E
F
G
H
I
J
K
30

Quadrat
Rechtecke
Vierecke
Dreieck
Kreis
**Rechtecke** und **Quadrate** sind besondere Vierecke.
Quadrate sind besondere Rechtecke.

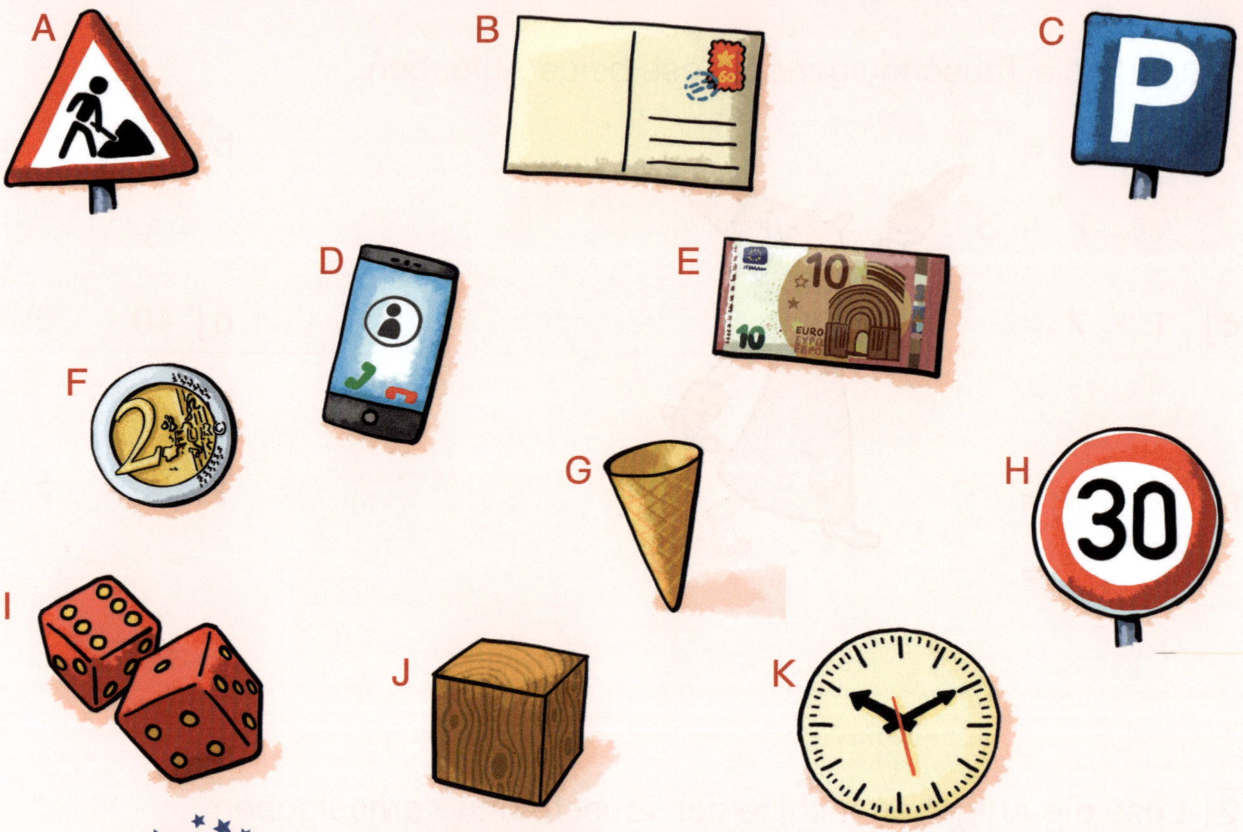

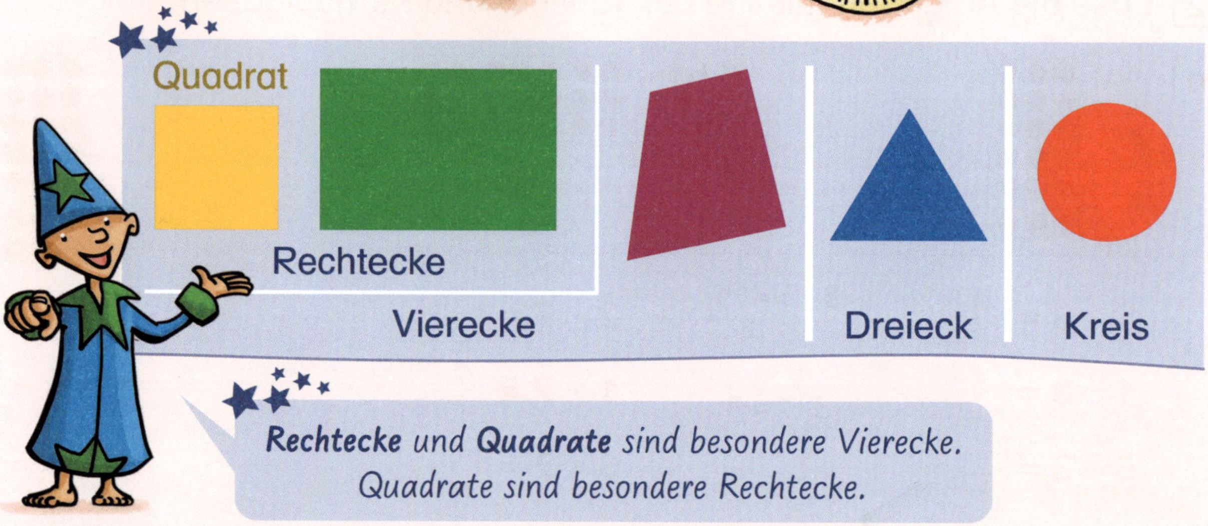

1 Schreibe auf, bei welchen Abbildungen du Rechtecke, Quadrate, Dreiecke und Kreise entdeckst.

Rechtecke: B, __________ Quadrate: __________

Dreiecke: __________ Kreise: __________

2 Suche in deiner Umgebung immer zwei Dinge, an denen du Rechtecke, Quadrate, Dreiecke und Kreise erkennen kannst. Schreibe sie auf, zeichne oder fotografiere sie. Ordne ihnen die passende Form zu.

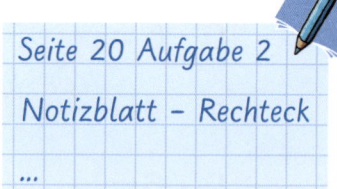

Seite 20 Aufgabe 2
Notizblatt – Rechteck
...



ÜH 34

★ an Alltagsgegenständen geometrische Grundformen erkennen
★ **MK:** zu geometrischen Grundformen passende Alltagsgegenstände finden, zeichnen oder fotografieren

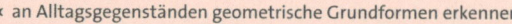

**1** Ergänze die Figuren.

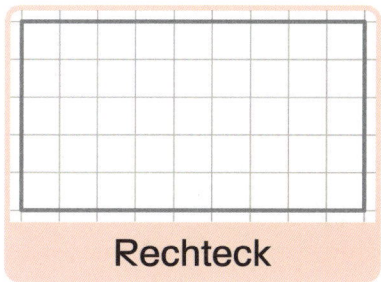
Rechteck

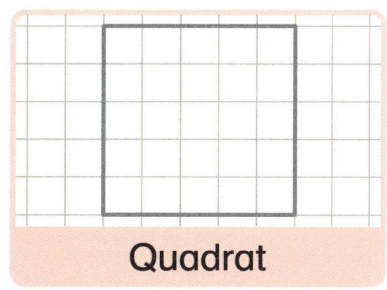
Quadrat

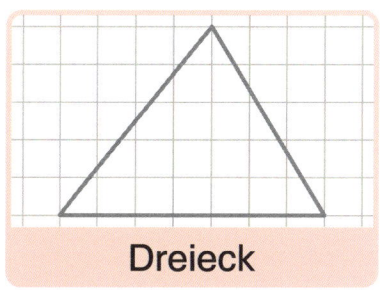
Dreieck

**a)** Markiere die Ecken schwarz.

**b)** Zeichne die Seiten in Orange nach. Benutze ein Lineal.

**c)** Male die Flächen aus: Rechteck grün, Quadrat gelb, Dreieck blau.

**2** Verbinde die Formen passend mit ihren Eigenschaften.

| Rechteck | Quadrat | Dreieck | Kreis |

| Die Figur hat 3 Ecken und 3 Seiten. | Die Figur hat 4 Ecken und 4 Seiten. Die gegenüberliegenden Seiten sind gleich lang. | Die Figur hat 4 Ecken und 4 Seiten. Alle Seiten sind gleich lang. | Die Figur hat keine Ecken. |

★ **SF:** die Begriffe „Ecke", „Seite" und „Fläche" kennenlernen und anwenden
★ Ecken, Seiten und Flächen an Quadrat, Rechteck und Dreieck farbig kennzeichnen
★ **SF:** geometrische Figuren anhand der Beschreibung erkennen

 ÜH 35 AH 37 **21**

A

Paul Klee:
Burg und Sonne

B

Wassily Kandinsky:
Weicher Druck

**1** Betrachte die Bilder.
Zeichne die Formen auf, die du in den Gemälden entdeckst.

A  _____

B _____

**2** Erzähle einem anderen Kind, welches Bild dir am besten gefällt.
Begründe deine Entscheidung.

**3** Sei selbst kreativ. Gestalte ein Bild aus geometrischen Formen.
Du kannst ausschneiden und kleben, mit Wachsmalstiften oder
Wasserfarben malen oder am PC zeichnen.

* **SF:** geometrische Grundformen in Gemälden entdecken und benennen
* **SF:** Begründungen für die Wahl des Lieblingsbildes formulieren
* selbst ein Kunstbild aus geometrischen Formen gestalten, **MK:** optional am PC

**1** Immer zwei Figuren ergeben zusammen ein Quadrat. Verbinde.

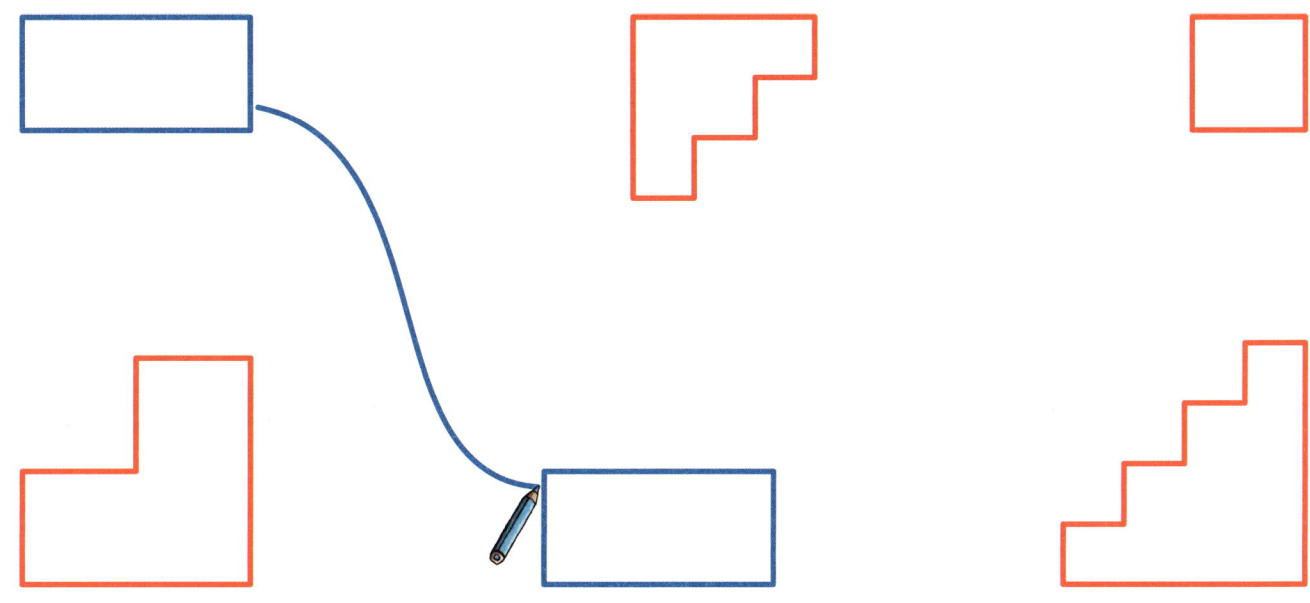

**2** Suche alle Quadrate, Rechtecke und Dreiecke.

**a**

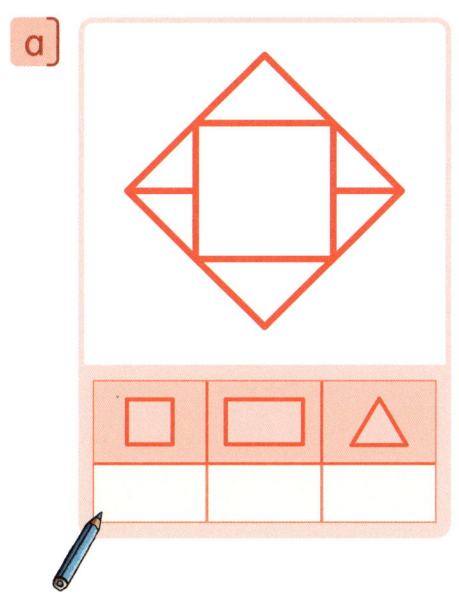

**b**

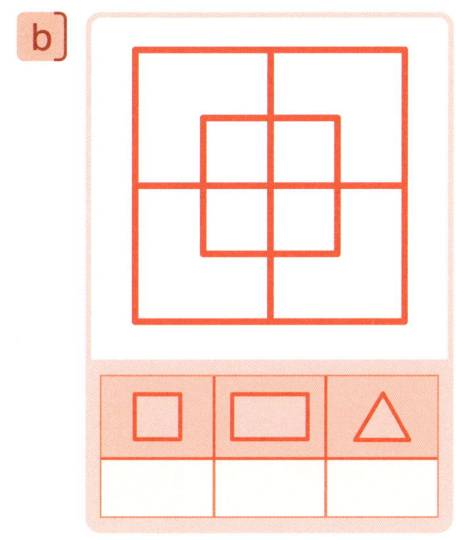

**3** Lies dir die Angaben durch. Schreibe auf, welche Figur entsteht.
Falte in deiner Vorstellung …

**a** … ein Quadrat so, dass zwei gegenüberliegende
Seiten genau aufeinanderliegen.

**b** … bei einem Quadrat die rechte untere Ecke
auf die linke obere Ecke.

★ gegebene Teilfiguren über die Vorstellung zu Quadraten zusammensetzen ★ in zusammen-
gesetzten Figuren die Anzahl der Quadrate, Rechtecke und Dreiecke bestimmen ★ aus der
Vorstellung heraus die Figuren ermitteln, die durch vorgegebene Faltanleitungen entstehen

23

> *Durch Falten kann man die Fläche von Quadraten zerlegen.*

**1** Falte quadratische Notizzettel wie Einstern.

**2** Schreibe zu jeder Abbildung, welche Flächenform durch Falten entstanden ist.

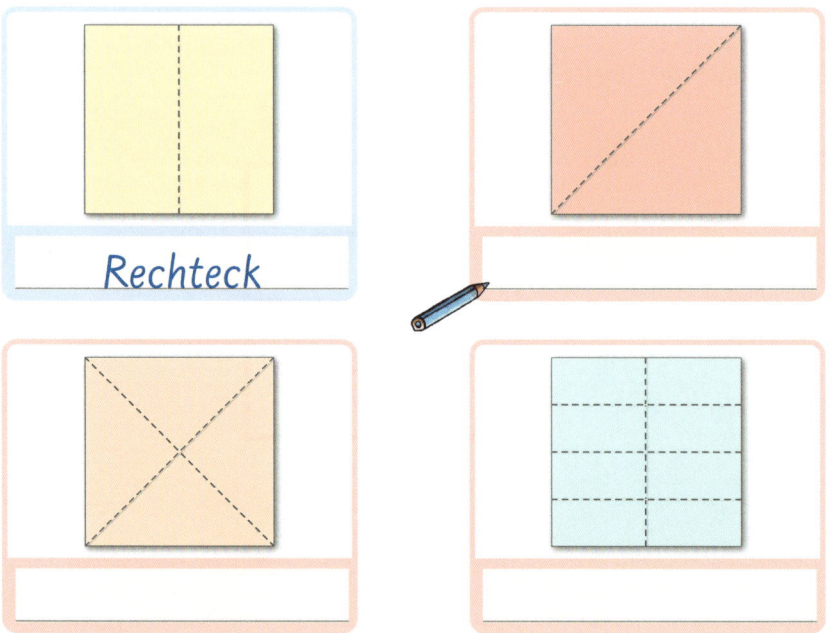

*Rechteck*

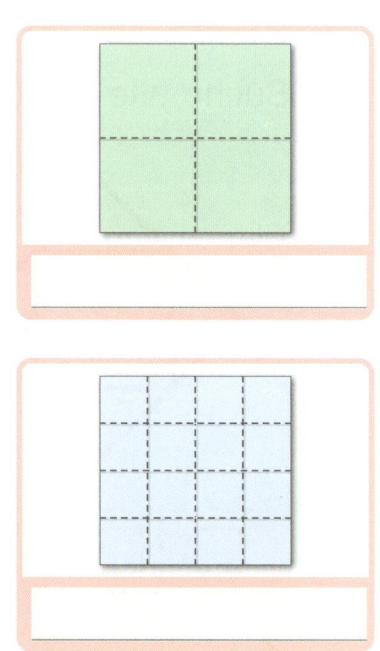

**3** Zeichne Faltlinien passend ein.

**a** Es sollen vier gleich große Quadrate entstehen.

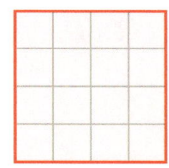

**b** Es sollen vier gleich große Rechtecke entstehen.

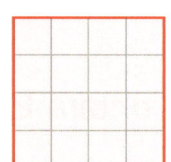

**c** Es sollen vier gleich große Dreiecke entstehen.

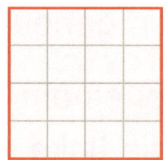

★ durch Falten eines Quadrats unterschiedliche Flächen herstellen, bunte quadratische Notizzettel im Format 9 × 9 cm verwenden ★ **SF:** durch Falten erzeugte Flächenformen benennen
★ zu vorgegebenen Flächenformen passende Faltlinien einzeichnen

Ich schneide mir Formenplättchen.

1 Falte quadratische Notizzettel und zerschneide sie
zu Formenplättchen wie Einstern.

2 Lege die Figuren mit deinen Formenplättchen aus.
Verwende einmal nur Rechtecke und einmal nur Quadrate.
Trage deine Ergebnisse in die Tabelle ein.

| Figur | A | B | C |
|---|---|---|---|
| Anzahl der verwendeten Rechtecke | | | |
| Anzahl der verwendeten Quadrate | | | |

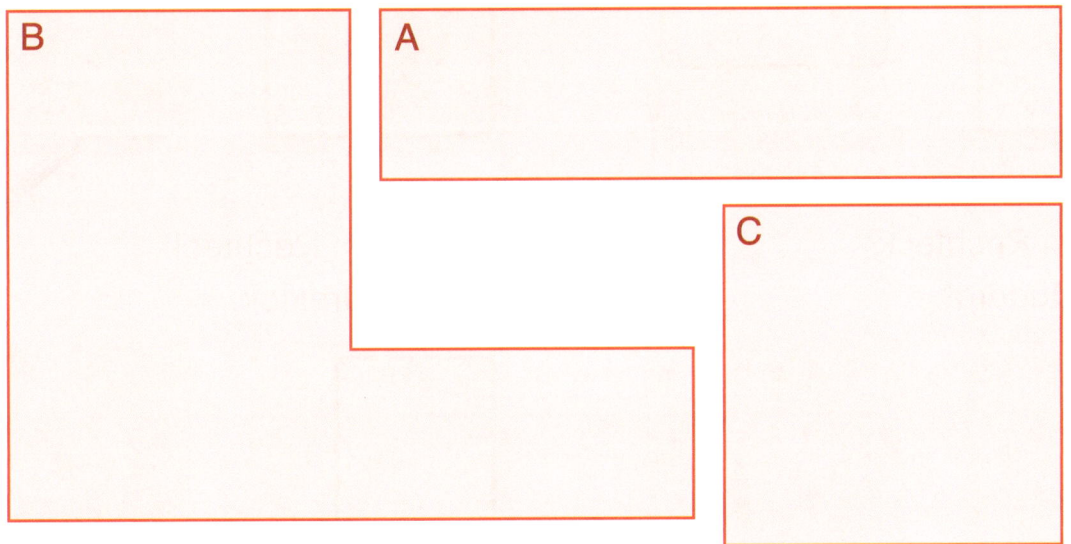

3 Betrachte die Ergebnisse von Aufgabe 2.
Bewerte die Aussagen mit „stimmt" oder „stimmt nicht". Kreuze an.

| | | stimmt | stimmt nicht |
|---|---|---|---|
| a | In Figur A passen weniger Rechtecke als in Figur C. | | ✗ |
| b | In Figur B passen doppelt so viele Rechtecke wie in Figur A. | | |
| c | In Figur C passen genau so viele Quadrate wie in Figur A. | | |
| d | In jede Figur passen halb so viele Rechtecke wie Quadrate. | | |

★ rechteckige und quadratische Formenplättchen herstellen (aus quadratischen
Notizzetteln im Format 9 × 9 cm) ★ vorgegebene Figuren mit Formenplättchen auslegen
★ SF: Ergebnisse vergleichen, Zusammenhänge erkennen und Aussagen bewerten

25

**1** Suche dir ein anderes Kind. Spannt Figuren auf dem Geobrett.

Spannt verschiedene Figuren.

Spannt zwei verschiedene Quadrate.

Spannt zwei verschiedene Rechtecke.

Spannt zwei verschiedene Dreiecke.

**2** Spanne die Figuren nach und verändere sie. Zeichne dein Ergebnis auf.

**a)** Aus einem Quadrat wird ein Rechteck.

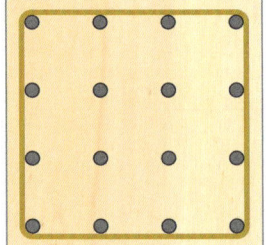 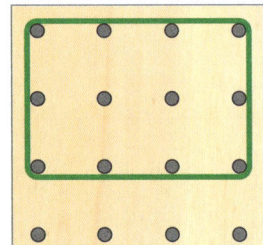

**b)** Aus einem Quadrat wird ein Dreieck.

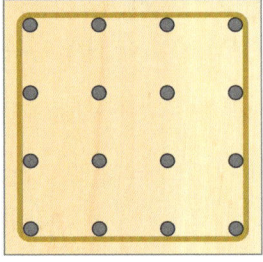 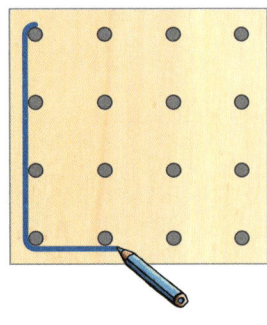

**c)** Aus einem Rechteck wird ein Quadrat.

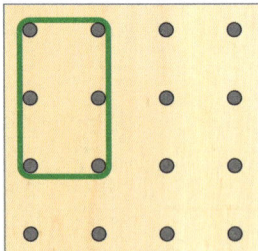 

**d)** Aus einem Rechteck wird ein Dreieck.

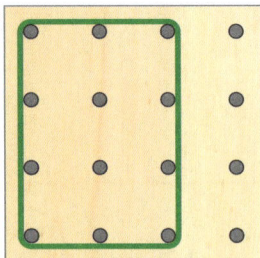 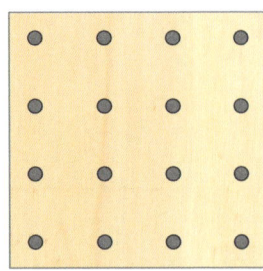

**e)** Aus einem Dreieck wird ein Quadrat.

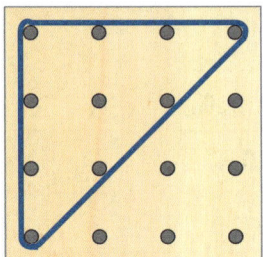 

**f)** Aus einem Dreieck wird ein Rechteck.

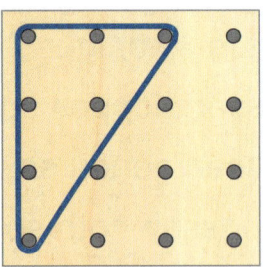 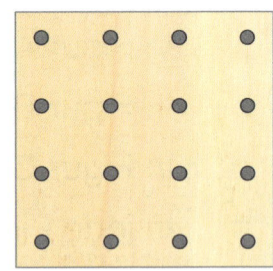

**26**  **AH** 38     **D** 47

★ Figuren auf dem Geobrett spannen, verschiedene Möglichkeiten finden
★ Figuren auf dem Geobrett nachspannen und nach Vorgabe verändern, Ergebnis aufzeichnen

Alle zusammen haben 20 Beine.

5 · 4 = 20

**1** Löse die Kernaufgaben. Die Tauschaufgaben helfen dir.

1 · 4 = ☐     2 · 4 = ☐     5 · 4 = ☐     10 · 4 = ☐

 **2** Rechne mit den Kernaufgaben.

a)

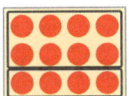

2 · 4 = ☐
1 · 4 = ☐
3 · 4 = ☐

5 · 4 = ☐
1 · 4 = ☐
6 · 4 = ☐

5 · 4 = ☐
2 · 4 = ☐
7 · 4 = ☐

b)

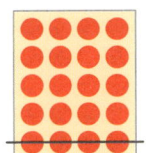

5 · 4 = ☐
1 · 4 = ☐
4 · 4 = ☐

10 · 4 = ☐
2 · 4 = ☐
8 · 4 = ☐

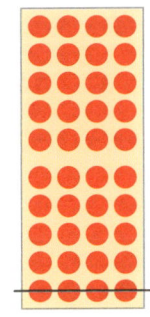

10 · 4 = ☐
1 · 4 = ☐
9 · 4 = ☐

**3** Löse das Einmaleins mit 4.

1 · 4 = ☐   2 · 4 = ☐   3 · 4 = ☐   4 · 4 = ☐   5 · 4 = ☐
6 · 4 = ☐   7 · 4 = ☐   8 · 4 = ☐   9 · 4 = ☐   10 · 4 = ☐

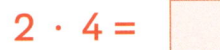

★ Kernaufgaben lösen ★ durch Addition und Subtraktion von Kernaufgaben
die weiteren Aufgaben aus dem Einmaleins mit 4 erschließen
★ Aufgaben zum Einmaleins mit 4 lösen

27

Zusammen 32 Ruderer

4 · 8 = 32

**1** Löse die Kernaufgaben. Die Tauschaufgaben helfen dir.

1 · 8 = ☐      2 · 8 = ☐      5 · 8 = ☐      10 · 8 = ☐

**2** Rechne mit den Kernaufgaben.

a]

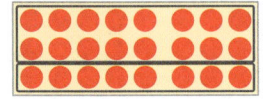
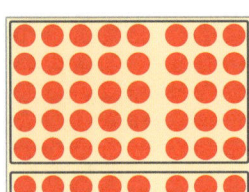
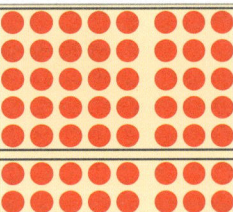

2 · 8 = ☐
1 · 8 = ☐
3 · 8 = ☐

5 · 8 = ☐
1 · 8 = ☐
6 · 8 = ☐

5 · 8 = ☐
2 · 8 = ☐
7 · 8 = 56

b]

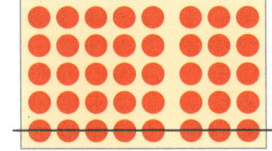
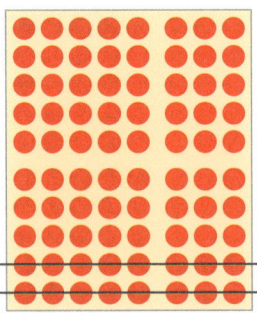
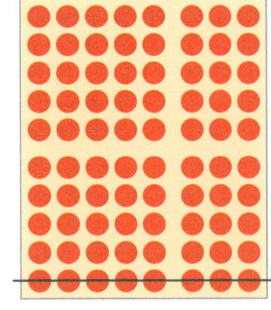

5 · 8 = ☐
1 · 8 = ☐
4 · 8 = ☐

10 · 8 = ☐
2 · 8 = ☐
8 · 8 = 64

10 · 8 = ☐
1 · 8 = ☐
9 · 8 = ☐

**3** Löse das Einmaleins mit 8.

1 · 8 = ☐   2 · 8 = ☐   3 · 8 = ☐   4 · 8 = ☐   5 · 8 = ☐

6 · 8 = ☐   7 · 8 = ☐   8 · 8 = ☐   9 · 8 = ☐   10 · 8 = ☐

★ Kernaufgaben lösen ★ durch Addition und Subtraktion von Kernaufgaben
die weiteren Aufgaben aus dem Einmaleins mit 8 erschließen
★ Aufgaben zum Einmaleins mit 8 lösen

**1** Löse die Aufgaben aus dem Einmaleins mit 4.

a) 5 · 4 = ☐

2 · 4 = ☐

10 · 4 = ☐

b) 8 · 4 = ☐

6 · 4 = ☐

0 · 4 = ☐

c) ☐ · 4 = 12

☐ · 4 = 36

☐ · 4 = 4

**2** Löse die Aufgaben aus dem Einmaleins mit 8.

a) 1 · 8 = ☐

5 · 8 = ☐

2 · 8 = ☐

b) 3 · 8 = ☐

9 · 8 = ☐

7 · 8 = ☐

c) ☐ · 8 = 32

☐ · 8 = 0

☐ · 8 = 48

**3** Löse die Aufgaben.

a) 2 · 4 = ☐

2 · 8 = ☐

b) 1 · 4 = ☐

1 · 8 = ☐

c) ☐ · 4 = 20

☐ · 8 = 40

d) ☐ · 4 = 40

☐ · 8 = 80

**4** Betrachte Aufgaben und Ergebnisse aus ③.
Besprich die Aussage mit einem anderen Kind:

> *Das Ergebnis der ·8-Aufgabe ist immer das Doppelte vom Ergebnis der ·4-Aufgabe.*

**5** Suche dir ein anderes Kind. Übt gemeinsam die Aufgaben aus dem Einmaleins mit 4 und 8.

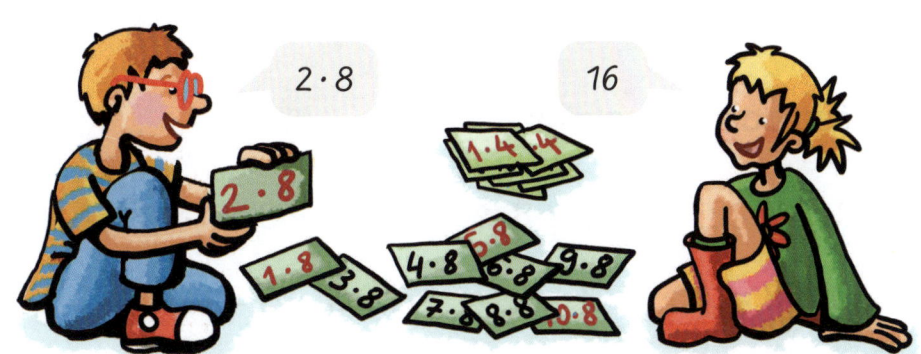

★ Aufgaben zum Einmaleins mit 4 und 8 üben
★ MK: Zusammenhänge zwischen dem Einmaleins mit 4 und 8 entdecken
★ Aufgaben zum Einmaleins mit 4 und 8 in Partnerarbeit mit Rechenkärtchen üben

ÜH 36    AH 39    1 · 1 B    **29**

Das sind 21 Würfel.

$7 \cdot 3 = 21$

**1** Löse die Kernaufgaben. Die Tauschaufgaben helfen dir.

$1 \cdot 3 =$ ☐      $2 \cdot 3 =$ ☐     $5 \cdot 3 =$ ☐     $10 \cdot 3 =$ ☐

**2** Rechne mit den Kernaufgaben.

a)

$2 \cdot 3 =$ ☐
$1 \cdot 3 =$ ☐
$3 \cdot 3 =$ ☐

$5 \cdot 3 =$ ☐
$1 \cdot 3 =$ ☐
$6 \cdot 3 =$ ☐

$5 \cdot 3 =$ ☐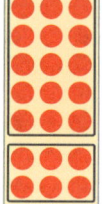
$2 \cdot 3 =$ ☐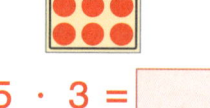
$7 \cdot 3 =$ ☐

b)

$5 \cdot 3 =$ ☐
$1 \cdot 3 =$ ☐
$4 \cdot 3 =$ ☐

$10 \cdot 3 =$ ☐
$2 \cdot 3 =$ ☐
$8 \cdot 3 =$ ☐

$10 \cdot 3 =$ ☐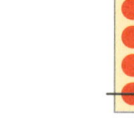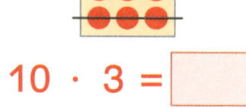
$1 \cdot 3 =$ ☐
$9 \cdot 3 =$ ☐

**3** Löse das Einmaleins mit 3.

$1 \cdot 3 =$ ☐   $2 \cdot 3 =$ ☐  $3 \cdot 3 =$ ☐  $4 \cdot 3 =$ ☐  $5 \cdot 3 =$ ☐

$6 \cdot 3 =$ ☐  $7 \cdot 3 =$ ☐  $8 \cdot 3 =$ ☐  $9 \cdot 3 =$ ☐  $10 \cdot 3 =$ ☐

★ Kernaufgaben lösen ★ durch Addition und Subtraktion von Kernaufgaben
die weiteren Aufgaben aus dem Einmaleins mit 3 erschließen
★ Aufgaben zum Einmaleins mit 3 lösen

Zusammen
24 Beine

$4 \cdot 6 = 24$

**1** Löse die Kernaufgaben. Die Tauschaufgaben helfen dir.

$1 \cdot 6 = \boxed{\phantom{0}}$     $2 \cdot 6 = \boxed{\phantom{0}}$     $5 \cdot 6 = \boxed{\phantom{0}}$     $10 \cdot 6 = \boxed{\phantom{0}}$

**2** Rechne mit den Kernaufgaben.

a]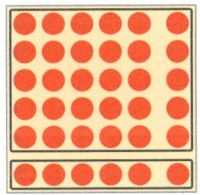

$5 \cdot 6 = \boxed{\phantom{0}}$
$1 \cdot 6 = \boxed{\phantom{0}}$
$6 \cdot 6 = \boxed{\phantom{0}}$

b]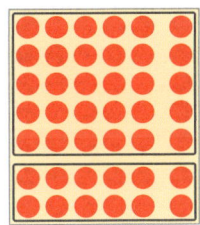

$5 \cdot 6 = \boxed{\phantom{0}}$
$2 \cdot 6 = \boxed{\phantom{0}}$
$7 \cdot 6 = \boxed{42}$

c]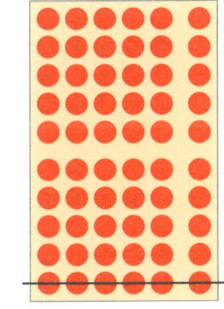

$10 \cdot 6 = \boxed{\phantom{0}}$
$1 \cdot 6 = \boxed{\phantom{0}}$
$9 \cdot 6 = \boxed{\phantom{0}}$

**3** Nutze Tauschaufgaben.

a] $6 \cdot 3 = \boxed{18}$
$3 \cdot 6 = \boxed{18}$

b] $6 \cdot 4 = \boxed{\phantom{0}}$
$4 \cdot 6 = \boxed{\phantom{0}}$

c] $6 \cdot 8 = \boxed{\phantom{0}}$
$8 \cdot 6 = \boxed{\phantom{0}}$

**4** Löse das Einmaleins mit 6.

$1 \cdot 6 = \boxed{\phantom{0}}$   $2 \cdot 6 = \boxed{\phantom{0}}$   $3 \cdot 6 = \boxed{\phantom{0}}$   $4 \cdot 6 = \boxed{\phantom{0}}$   $5 \cdot 6 = \boxed{\phantom{0}}$

$6 \cdot 6 = \boxed{\phantom{0}}$   $7 \cdot 6 = \boxed{\phantom{0}}$   $8 \cdot 6 = \boxed{\phantom{0}}$   $9 \cdot 6 = \boxed{\phantom{0}}$   $10 \cdot 6 = \boxed{\phantom{0}}$

★ Kernaufgaben lösen ★ durch Addition und Subtraktion von Kernaufgaben sowie mithilfe
von Tauschaufgaben die weiteren Aufgaben aus dem Einmaleins mit 6 erschließen
★ Aufgaben zum Einmaleins mit 6 lösen

**1** Löse die Aufgaben aus dem Einmaleins mit 3.

a) $1 \cdot 3 = \boxed{\phantom{00}}$

$5 \cdot 3 = \boxed{\phantom{00}}$

$2 \cdot 3 = \boxed{\phantom{00}}$

b) $7 \cdot 3 = \boxed{\phantom{00}}$

$3 \cdot 3 = \boxed{\phantom{00}}$

$9 \cdot 3 = \boxed{\phantom{00}}$

c) $\boxed{\phantom{00}} \cdot 3 = 12$

$\boxed{\phantom{00}} \cdot 3 = 18$

$\boxed{\phantom{00}} \cdot 3 = 0$

**2** Löse die Aufgaben aus dem Einmaleins mit 6.

a) $5 \cdot 6 = \boxed{\phantom{00}}$

$2 \cdot 6 = \boxed{\phantom{00}}$

$10 \cdot 6 = \boxed{\phantom{00}}$

b) $8 \cdot 6 = \boxed{\phantom{00}}$

$6 \cdot 6 = \boxed{\phantom{00}}$

$4 \cdot 6 = \boxed{\phantom{00}}$

c) $\boxed{\phantom{00}} \cdot 6 = 18$

$\boxed{\phantom{00}} \cdot 6 = 6$

$\boxed{\phantom{00}} \cdot 6 = 42$

**3** Löse die Aufgaben.

a) $2 \cdot 3 = \boxed{\phantom{00}}$

$2 \cdot 6 = \boxed{\phantom{00}}$

b) $3 \cdot 3 = \boxed{\phantom{00}}$

$3 \cdot 6 = \boxed{\phantom{00}}$

c) $\boxed{\phantom{00}} \cdot 3 = 30$

$\boxed{\phantom{00}} \cdot 6 = 60$

d) $\boxed{\phantom{00}} \cdot 3 = 15$

$\boxed{\phantom{00}} \cdot 6 = 30$

**4** Betrachte Aufgaben und Ergebnisse aus **3**.
Besprich die Aussage mit einem anderen Kind:

*Das Ergebnis der ·6-Aufgabe ist immer das Doppelte vom Ergebnis der ·3-Aufgabe.*

**5** Suche dir ein anderes Kind. Übt gemeinsam die Aufgaben aus dem Einmaleins mit 3 und 6.

★ Aufgaben zum Einmaleins mit 3 und 6 üben
★ **MK:** Zusammenhänge zwischen dem Einmaleins mit 3 und 6 entdecken
★ Aufgaben zum Einmaleins mit 3 und 6 in Partnerarbeit mit Rechenkärtchen üben

Zusammen 27 Kegel

$3 \cdot 9 = 27$

**1** Löse die Kernaufgaben. Die Tauschaufgaben helfen dir.

$1 \cdot 9 =$ ☐     $2 \cdot 9 =$ ☐     $5 \cdot 9 =$ ☐     $10 \cdot 9 =$ ☐

**2** Rechne mit den Kernaufgaben.

a]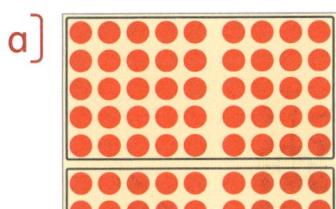

$5 \cdot 9 =$ ☐
$2 \cdot 9 =$ ☐
$7 \cdot 9 = \boxed{63}$

b]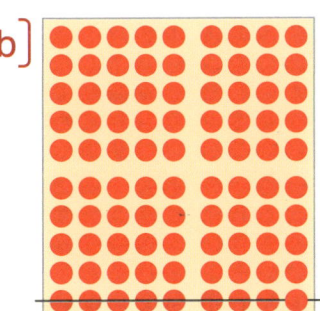

$10 \cdot 9 =$ ☐
$1 \cdot 9 =$ ☐
$9 \cdot 9 =$ ☐

**3** Nutze Tauschaufgaben.

a] $9 \cdot 3 =$ ☐
$3 \cdot 9 =$ ☐

b] $9 \cdot 4 =$ ☐
$4 \cdot 9 =$ ☐

c] $9 \cdot 6 =$ ☐
$6 \cdot 9 =$ ☐

d] $9 \cdot 8 =$ ☐
$8 \cdot 9 =$ ☐

**4** Löse das Einmaleins mit 9.

$1 \cdot 9 =$ ☐   $2 \cdot 9 =$ ☐   $3 \cdot 9 =$ ☐   $4 \cdot 9 =$ ☐   $5 \cdot 9 =$ ☐
$6 \cdot 9 =$ ☐   $7 \cdot 9 =$ ☐   $8 \cdot 9 =$ ☐   $9 \cdot 9 =$ ☐   $10 \cdot 9 =$ ☐

★ Kernaufgaben lösen ★ durch Addition und Subtraktion von Kernaufgaben sowie mithilfe von Tauschaufgaben die weiteren Aufgaben aus dem Einmaleins mit 9 erschließen ★ Aufgaben zum Einmaleins mit 9 lösen

33

**1** Löse die Aufgaben aus dem Einmaleins mit 9.

a] 10 · 9 = ☐

5 · 9 = ☐

2 · 9 = ☐

b] 8 · 9 = ☐

6 · 9 = ☐

3 · 9 = ☐

c] ☐ · 9 = 36

☐ · 9 = 9

☐ · 9 = 63

**2** Löse die Aufgaben.

a] 1 · 6 = ☐

1 · 3 = ☐

b] 10 · 6 = ☐

10 · 3 = ☐

c] ☐ · 6 = 12

☐ · 3 = 6

d] ☐ · 6 = 30

☐ · 3 = 15

**3** Betrachte Aufgaben und Ergebnisse aus **2**.
Besprich die Aussage mit einem anderen Kind:

*Das Ergebnis der ·3-Aufgabe ist immer die Hälfte vom Ergebnis der ·6-Aufgabe.*

**4** Löse die Aufgaben aus dem Einmaleins mit 3, 6 und 9.

a] 6 · 3 = ☐

3 · 6 = ☐

2 · 9 = ☐

b] 4 · 6 = ☐

8 · 3 = ☐

6 · 9 = ☐

c] ☐ · 9 = 45

☐ · 6 = 30

☐ · 3 = 15

**5** Suche dir ein anderes Kind. Übt gemeinsam die Aufgaben aus dem Einmaleins mit 9. Übt auch die Aufgaben aus dem Einmaleins mit 3 und 6.

1 · 1
B    AH 40    ÜH 37

★ Aufgaben zum Einmaleins mit 3, 6 und 9 üben
★ MK: Zusammenhänge zwischen dem Einmaleins mit 3 und 6 besprechen
★ Aufgaben zum Einmaleins mit 9, 3 und 6 in Partnerarbeit mit Rechenkärtchen üben

Das sind zusammen 21 Zwerge.

$3 \cdot 7 = 21$

**1** Löse die Kernaufgaben. Die Tauschaufgaben helfen dir.

$1 \cdot 7 = \boxed{\phantom{00}}$     $2 \cdot 7 = \boxed{\phantom{00}}$     $5 \cdot 7 = \boxed{\phantom{00}}$     $10 \cdot 7 = \boxed{\phantom{00}}$

**2** Nutze Tauschaufgaben.

a) $7 \cdot 3 = \boxed{\phantom{00}}$
$3 \cdot 7 = \boxed{\phantom{00}}$

b) $7 \cdot 4 = \boxed{\phantom{00}}$
$4 \cdot 7 = \boxed{\phantom{00}}$

c) $7 \cdot 6 = \boxed{\phantom{00}}$
$6 \cdot 7 = \boxed{\phantom{00}}$

d) $7 \cdot 8 = \boxed{\phantom{00}}$
$8 \cdot 7 = \boxed{\phantom{00}}$

e) $7 \cdot 9 = \boxed{\phantom{00}}$
$9 \cdot 7 = \boxed{\phantom{00}}$

**3** Rechne mit den Kernaufgaben.

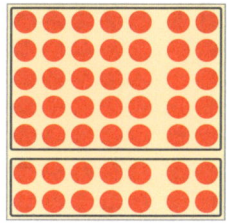

$5 \cdot 7 = \boxed{\phantom{00}}$

$2 \cdot 7 = \boxed{\phantom{00}}$

$7 \cdot 7 = \boxed{49}$

**4** Löse das Einmaleins mit 7.

$1 \cdot 7 = \boxed{\phantom{00}}$   $2 \cdot 7 = \boxed{\phantom{00}}$   $3 \cdot 7 = \boxed{\phantom{00}}$   $4 \cdot 7 = \boxed{\phantom{00}}$   $5 \cdot 7 = \boxed{\phantom{00}}$

$6 \cdot 7 = \boxed{\phantom{00}}$   $7 \cdot 7 = \boxed{\phantom{00}}$   $8 \cdot 7 = \boxed{\phantom{00}}$   $9 \cdot 7 = \boxed{\phantom{00}}$   $10 \cdot 7 = \boxed{\phantom{00}}$

★ Kernaufgaben lösen ★ mithilfe von Tauschaufgaben sowie durch Addition von Kernaufgaben die weiteren Aufgaben aus dem Einmaleins mit 7 erschließen ★ Aufgaben zum Einmaleins mit 7 lösen

ÜH 38   AH 41   **35**

**1** Löse die Kernaufgaben.

a) 1 · 5 = ☐

    1 · 7 = ☐

    1 · 9 = ☐

b) 2 · 3 = ☐

    2 · 6 = ☐

    2 · 8 = ☐

c) 5 · 4 = ☐

    5 · 3 = ☐

    5 · 7 = ☐

d) 10 · 8 = ☐

    10 · 2 = ☐

    10 · 6 = ☐

**2** Rechne mit den Kernaufgaben.    *zusammensetzen*

a) 2 · 3 = 6

    2 · 3 = 6

    4 · 3 = ☐

b) 5 · 8 = ☐

    1 · 8 = ☐

    6 · 8 = ☐

c) 5 · 4 = ☐

    2 · 4 = ☐

    7 · 4 = ☐

d) 2 · 7 = ☐

    1 · 7 = ☐

    3 · 7 = ☐

e) 5 · 6 = ☐

    1 · 6 = ☐

    6 · 6 = ☐

f) 2 · 5 = ☐

    1 · 5 = ☐

    3 · 5 = ☐

**3** Rechne mit den Kernaufgaben.    *wegnehmen*

a) 10 · 4 = ☐

    2 · 4 = ☐

    8 · 4 = ☐

b) 5 · 8 = ☐

    1 · 8 = ☐

    4 · 8 = ☐

c) 10 · 3 = ☐

    2 · 3 = ☐

    8 · 3 = ☐

d) 10 · 7 = ☐

    1 · 7 = ☐

    9 · 7 = ☐

e) 10 · 8 = ☐

    1 · 8 = ☐

    9 · 8 = ☐

f) 5 · 6 = ☐

    1 · 6 = ☐

    4 · 6 = ☐

★ Kernaufgaben aus verschiedenen Einmaleinsreihen lösen
★ Aufgaben aus verschiedenen Einmaleinsreihen durch Addieren
oder Subtrahieren von Kernaufgaben lösen

**1** Suche dir ein anderes Kind.
Übt gemeinsam Aufgaben aus dem Einmaleins.

**2** Löse die Aufgaben aus dem Einmaleins mit 7.

a) 2 · 7 = ☐

5 · 7 = ☐

1 · 7 = ☐

b) 3 · 7 = ☐

6 · 7 = ☐

9 · 7 = ☐

c) ☐ · 7 = 49

☐ · 7 = 28

☐ · 7 = 70

**3** Löse die Aufgaben mithilfe der Kernaufgaben oder im Kopf.

a) 6 · 8 = ☐

5 · 3 = ☐

7 · 5 = ☐

9 · 7 = ☐

b) 4 · 2 = ☐

6 · 6 = ☐

4 · 9 = ☐

5 · 4 = ☐

*Seite 37 Aufgabe 3*

*a)  ...*

**4** Ergänze die Malaufgaben
zu den vorgegebenen Ergebniszahlen.

*Verschiedene Aufgaben – das gleiche Ergebnis.*

a)
| 12 |
|---|
| 6 · 2 = 12 |
| ☐ · 3 = 12 |
| ☐ · 4 = 12 |
| ☐ · 6 = 12 |

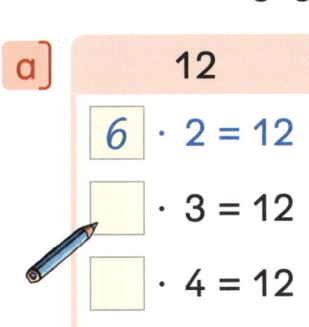

b)
| 24 |
|---|
| ☐ · 3 = 24 |
| ☐ · 4 = 24 |
| ☐ · 6 = 24 |
| ☐ · 8 = 24 |

★ Aufgaben aus allen Einmaleinsreihen in Partnerarbeit mit Rechenkärtchen üben
★ Einmaleinsaufgaben aus allen Einmaleinsreihen lösen
★ zu vorgegebenen Ergebnissen Malaufgaben finden

ÜH 39   AH 42   1·1 B   **37**

| · | 1 | 2 | 3 | 4 | 5 | 6 | 7 | 8 | 9 | 10 |
|---|---|---|---|---|---|---|---|---|---|----|
| 1 | 1 | 2 | 3 | 4 | 5 | 6 | 7 | 8 | 9 | 10 |
| 2 | 2 | 4 | 6 | 8 | 10 | 12 | 14 | 16 | 18 | 20 |
| 3 | 3 | 6 | 9 | 12 | 15 | 18 | 21 | 24 | 27 | 30 |
| 4 | 4 | 8 | 12 | 16 | 20 | 24 | 28 | 32 | 36 | 40 |
| 5 | 5 | 10 | 15 | 20 | 25 | 30 | 35 | 40 | 45 | 50 |
| 6 | 6 | 12 | 18 | 24 | 30 | 36 | 42 | 48 | 54 | 60 |
| 7 | 7 | 14 | 21 | 28 | 35 | 42 | 49 | 56 | 63 | 70 |
| 8 | 8 | 16 | 24 | 32 | 40 | 48 | 56 | 64 | 72 | 80 |
| 9 | 9 | 18 | 27 | 36 | 45 | 54 | 63 | 72 | 81 | 90 |
| 10 | 10 | 20 | 30 | 40 | 50 | 60 | 70 | 80 | 90 | 100 |

> Die Zahlen in den lila Feldern heißen **Quadratzahlen**.

**1** Lies die Aufgaben in der Einmaleinstafel ab, die zu den Quadratzahlen gehören. Schreibe sie auf. Zeichne immer ein passendes Bild dazu.

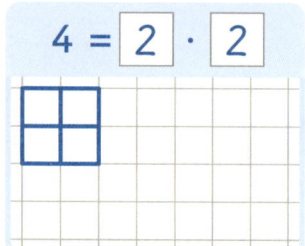

4 = $2$ · $2$

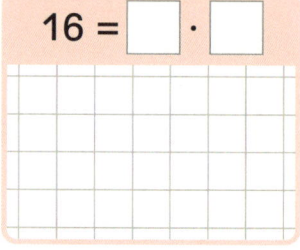

9 = $\square$ · $\square$

16 = $\square$ · $\square$

25 = $\square$ · $\square$

36 = $\square$ · $\square$

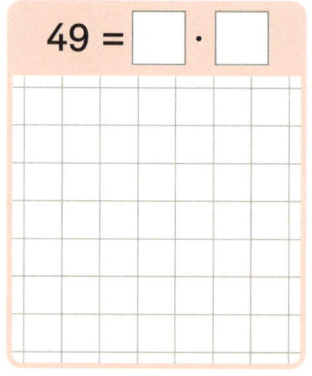

49 = $\square$ · $\square$

**2** Suche dir ein anderes Kind. Stellt euch gegenseitig Aufgaben zur Einmaleinstafel.

9 · 9

81

1 · 1
B

D 49

★ SF: den Begriff „Quadratzahlen" kennenlernen und anwenden
★ Aufgaben zu Quadratzahlen ablesen und zeichnerisch darstellen
★ mit einem Partnerkind mit der Einmaleinstafel Aufgaben üben

**1** Setze <, > oder = passend ein.

**a)**
3 · 5 ⟩ 12
6 · 4 ◯ 25
7 · 3 ◯ 21
7 · 6 ◯ 50

**b)**
6 · 4 ◯ 24
8 · 3 ◯ 20
5 · 9 ◯ 54
2 · 6 ◯ 12

**c)**
2 · 3 ◯ 8
6 · 4 ◯ 28
4 · 4 ◯ 16
5 · 5 ◯ 21

**2** Verbinde die Aufgaben mit den Ergebnissen.

3 · 10   6 · 5   9 · 2   3 · 6   6 · 6   2 · 9   5 · 6   4 · 9   9 · 4

18   30   36

**3** Ergänze die Malaufgaben zu den vorgegebenen Ergebniszahlen.

**a)** 16
☐ · 8 = 16
☐ · 4 = 16
☐ · 2 = 16

**b)** 18
☐ · 3 = 18
☐ · 6 = 18
☐ · 9 = 18

**c)** 20
☐ · 4 = 20
☐ · 5 = 20
☐ · 10 = 20

**4** Finde Aufgabenpaare.

**a)**
2 · 6 = 4 · 3
3 · 2 = 6 · 1
3 · 4 = 6 · ☐
4 · 8 = 8 · ☐

**b)**
10 · 4 = 5 · 8
8 · 3 = 4 · ☐
6 · 2 = 3 · ☐
4 · 4 = 2 · ☐

★ Malaufgaben lösen und passende Relationszeichen einsetzen
★ zu vorgegebenen Ergebnissen Malaufgaben finden
★ MK: Muster von Aufgabenpaaren erkennen, selbst Aufgabenpaare zusammenstellen

Wie viele Tüten werden gefüllt?

Es sind 20 Brezeln.
Immer 4 werden in eine Tüte gepackt.

20 : 4
20 geteilt durch 4

1  Teile auf. Zeichne und löse die Aufgaben.

a) Es sind 30 Brezeln.
   Immer 5 werden
   in eine Tüte gepackt.

   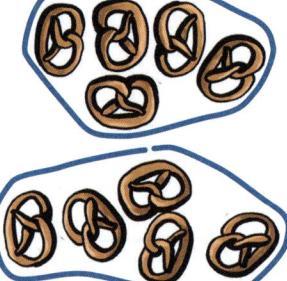 

30 : 5 = 6        Es sind 6 Tüten.

b) Es sind 10 Laugenstangen.
   Immer 2 werden
   in eine Tüte gepackt.

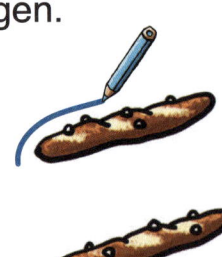 

10 : 2 =          Es sind ☐ Tüten.

c) Es sind 24 Törtchen.
   Immer 6 werden
   in eine Tüte gepackt.

24 : 6 =          Es sind ☐ Tüten.

★ anhand von beschriebenen und bildlich dargestellten Situationen
Geteiltaufgaben zum „Aufteilen" kennenlernen und lösen
★ Rechenzeichen „:" kennenlernen

**1** Suche dir ein anderes Kind. Legt die Aufgaben mit Steckwürfeln.

12 : 4

15 : 3

14 : 2

28 : 7

12 geteilt durch 4

12 Steckwürfel, immer 4 in eine Tüte

**2** Löse die Geteiltaufgaben.

a]

12 : 2 = 6

b]
24 : 6 =

c]
18 : 3 =

d]
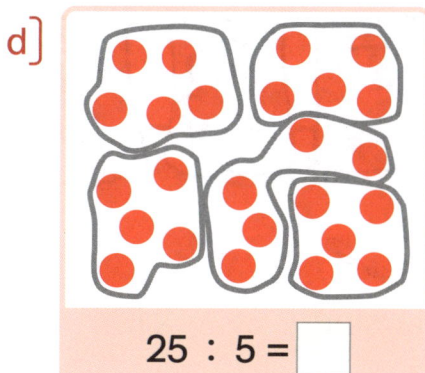
25 : 5 =

e]
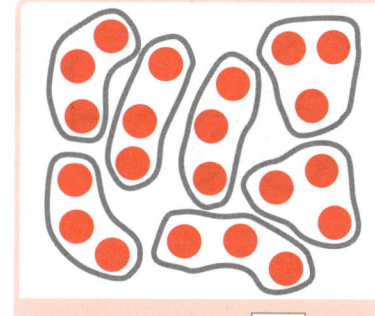
21 : 3 =

f]
16 : 2 =

**3** Kreise ein. Löse die Aufgaben.

a]
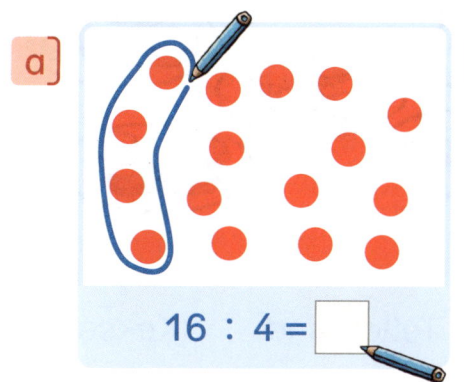
16 : 4 =

b]
12 : 3 =

c]

15 : 5 =

★ SF: konkret dargestellte Situationen des Aufteilens beschreiben und in eine Geteiltaufgabe übertragen ★ zu bildlich dargestellten Situationen des Aufteilens Geteiltaufgaben lösen ★ zu vorgegebenen Geteiltaufgaben Rechenbilder ergänzen und Aufgaben lösen

AH 43    41

**1** Verteile.
Löse die Aufgaben.

12 : 3
12 *geteilt durch* 3

*Wie viele Karten bekommt jedes Kind?*

**a)**

12 Karten werden an 3 Kinder verteilt.

12 : 3 = 4
Jedes Kind erhält 4 Karten.

**b)**

20 Äpfel werden auf 4 Tüten verteilt.

20 : 4 = ☐
In jeder Tüte sind ☐ Äpfel.

**c)**

20 Kekse werden auf 5 Teller verteilt.

20 : 5 = ☐
Auf jedem Teller sind ☐ Kekse.

★ anhand von beschriebenen und bildlich dargestellten Situationen
Geteiltaufgaben zum „Verteilen" kennenlernen und lösen

**1** Suche dir andere Kinder. Verteilt Karten an die Kinder.

| 12 Karten an 3 Kinder<br>12 : 3 | 20 Karten an 4 Kinder<br>20 : 4 | 18 Karten an 2 Kinder<br>18 : 2 |

Ich **verteile** 12 Karten an 3 Kinder.

Jeder bekommt 4 Karten.

**2** Zeichne zu jedem Bild ein Punktebild und schreibe eine Geteiltaufgabe.

a]

$12 : 3 = \boxed{\phantom{0}}$

b]

$\boxed{\phantom{0}} : \boxed{\phantom{0}} = \boxed{\phantom{0}}$

c]
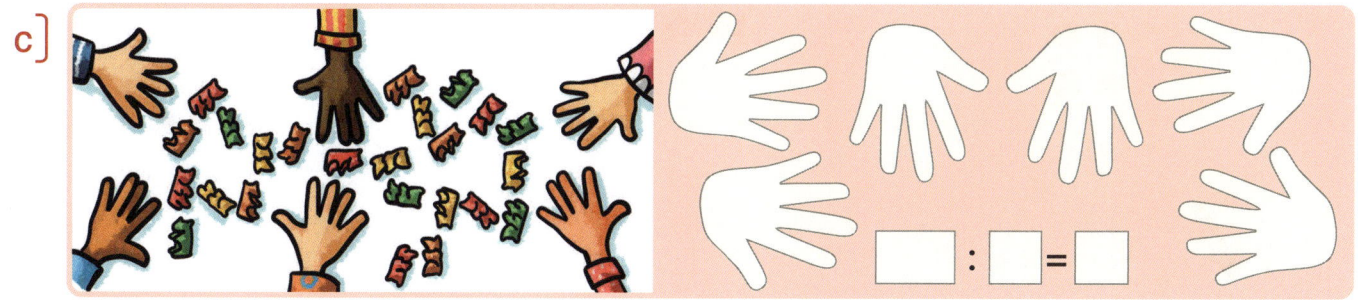

$\boxed{\phantom{0}} : \boxed{\phantom{0}} = \boxed{\phantom{0}}$

★ **SF:** konkret dargestellte Situationen des Verteilens beschreiben
und in eine Geteiltaufgabe übertragen

AH 44

**43**

*Ein Bild – zwei Aufgaben*

$$20 : 5 = 4$$
$$4 \cdot 5 = 20$$

**1** Löse die Geteiltaufgabe.
Ergänze die passende Malaufgabe.

a)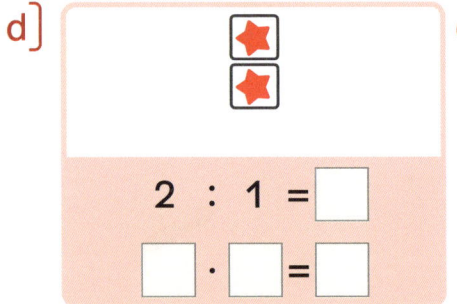

$$24 : 8 = \boxed{3}$$
$$\boxed{3} \cdot \boxed{8} = \boxed{24}$$

b)

$$12 : 3 = \boxed{\phantom{0}}$$
$$\boxed{\phantom{0}} \cdot \boxed{\phantom{0}} = \boxed{\phantom{0}}$$

c)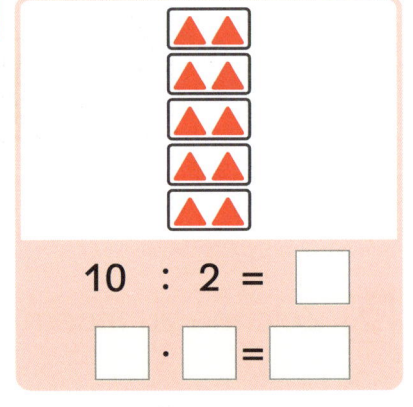

$$10 : 2 = \boxed{\phantom{0}}$$
$$\boxed{\phantom{0}} \cdot \boxed{\phantom{0}} = \boxed{\phantom{0}}$$

d)

$$2 : 1 = \boxed{\phantom{0}}$$
$$\boxed{\phantom{0}} \cdot \boxed{\phantom{0}} = \boxed{\phantom{0}}$$

e)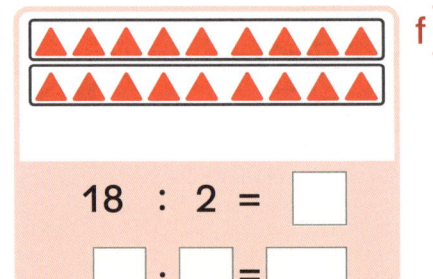

$$18 : 2 = \boxed{\phantom{0}}$$
$$\boxed{\phantom{0}} \cdot \boxed{\phantom{0}} = \boxed{\phantom{0}}$$

f)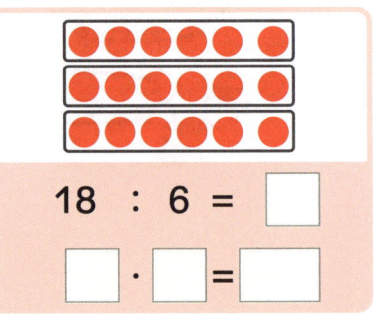

$$18 : 6 = \boxed{\phantom{0}}$$
$$\boxed{\phantom{0}} \cdot \boxed{\phantom{0}} = \boxed{\phantom{0}}$$

**2** Schreibe zu jedem Bild eine Geteiltaufgabe und eine Malaufgabe.

a)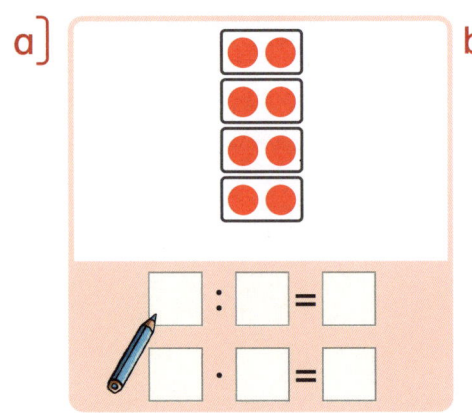

$$\boxed{\phantom{0}} : \boxed{\phantom{0}} = \boxed{\phantom{0}}$$
$$\boxed{\phantom{0}} \cdot \boxed{\phantom{0}} = \boxed{\phantom{0}}$$

b)

$$\boxed{\phantom{0}} : \boxed{\phantom{0}} = \boxed{\phantom{0}}$$
$$\boxed{\phantom{0}} \cdot \boxed{\phantom{0}} = \boxed{\phantom{0}}$$

c)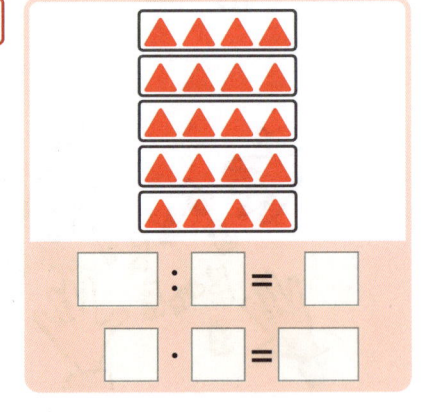

$$\boxed{\phantom{0}} : \boxed{\phantom{0}} = \boxed{\phantom{0}}$$
$$\boxed{\phantom{0}} \cdot \boxed{\phantom{0}} = \boxed{\phantom{0}}$$

★ zu Punktebildern passende Mal- und Geteiltaufgaben finden

$24 : 4 = 6,$

denn

$6 \cdot 4 = 24$

**1** Schreibe zu jedem Bild eine Geteiltaufgabe und eine Malaufgabe.

**a]**

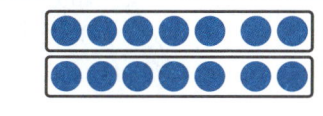

$14 \xrightleftharpoons[\cdot\,7]{:\,7} \boxed{2}$

$\boxed{14} : \boxed{7} = \boxed{2}$

$\boxed{2} \cdot \boxed{7} = \boxed{14}$

**b]**

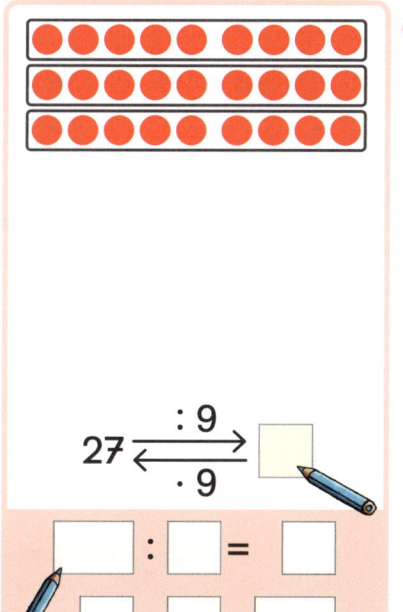

$27 \xrightleftharpoons[\cdot\,9]{:\,9} \boxed{\phantom{0}}$

$\boxed{\phantom{0}} : \boxed{\phantom{0}} = \boxed{\phantom{0}}$

$\boxed{\phantom{0}} \cdot \boxed{\phantom{0}} = \boxed{\phantom{0}}$

**c]**

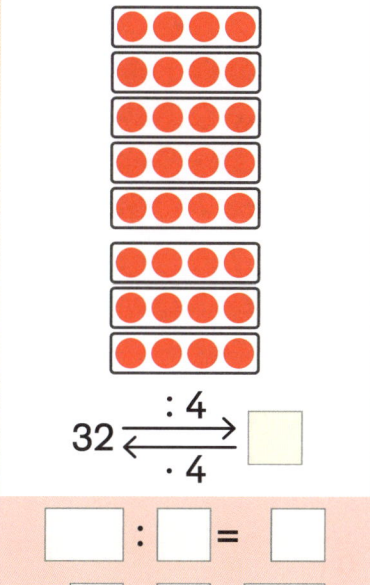

$32 \xrightleftharpoons[\cdot\,4]{:\,4} \boxed{\phantom{0}}$

$\boxed{\phantom{0}} : \boxed{\phantom{0}} = \boxed{\phantom{0}}$

$\boxed{\phantom{0}} \cdot \boxed{\phantom{0}} = \boxed{\phantom{0}}$

**2** Löse die Geteiltaufgaben.
Kontrolliere deine Ergebnisse mit der Umkehraufgabe.

**a]**

$30 : 6 = \boxed{\phantom{0}},$

denn $\boxed{\phantom{0}} \cdot 6 = \boxed{\phantom{0}}$

**b]**

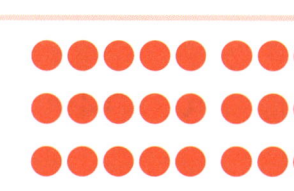

$32 : 8 = \boxed{\phantom{0}},$

denn $\boxed{\phantom{0}} \cdot 8 = \boxed{\phantom{0}}$

**c]**

 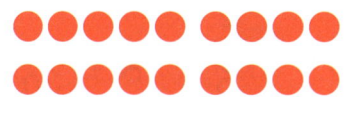

$18 : 9 = \boxed{\phantom{0}},$

denn $\boxed{\phantom{0}} \cdot 9 = \boxed{\phantom{0}}$

★ **SF:** den Begriff „Umkehraufgabe" bei den Mal- und Geteiltaufgaben kennenlernen
und anwenden ★ zu Geteiltaufgaben passende Umkehraufgaben bilden
★ Geteiltaufgaben lösen und mithilfe der Umkehraufgabe kontrollieren

**45**

**1** Ergänze die fehlenden Zahlen.
Nutze die Umkehraufgabe.

**a)** 20 : 5 = 4, denn 4 · 5 = 20

☐ : 3 = 9, denn ☐ · ☐ = ☐

☐ : 4 = 8, denn ☐ · ☐ = ☐

☐ : 5 = 3, denn ☐ · ☐ = ☐

**b)** 35 : ☐ = 7, denn ☐ · ☐ = ☐

18 : ☐ = 6, denn ☐ · ☐ = ☐

25 : ☐ = 5, denn ☐ · ☐ = ☐

42 : ☐ = 7, denn ☐ · ☐ = ☐

**2** Bilde Aufgabenfamilien.
Nutze Tauschaufgaben und Umkehraufgaben.

**a)** 4 | 28 | 7

4 · 7 = 28
7 · 4 = 28
28 : 7 = 4
28 : 4 = 7

**b)** 9 | 3 | 27

☐ · ☐ = ☐
☐ · ☐ = ☐
☐ : ☐ = ☐
☐ : ☐ = ☐

**c)** 48 | 8 | 6

☐ · ☐ = ☐
☐ · ☐ = ☐
☐ : ☐ = ☐
☐ : ☐ = ☐

**d)** 5 | 6 | 30

☐ · ☐ = ☐
☐ · ☐ = ☐
☐ : ☐ = ☐
☐ : ☐ = ☐

**e)** 3 | 12 | 4

☐ · ☐ = ☐
☐ · ☐ = ☐
☐ : ☐ = ☐
☐ : ☐ = ☐

**f)** 36 | 4 | 9

☐ · ☐ = ☐
☐ · ☐ = ☐
☐ : ☐ = ☐
☐ : ☐ = ☐

★ in Geteiltaufgaben mithilfe der Umkehraufgaben an unterschiedlichen Stellen fehlende
Zahlen ergänzen ★ Aufgabenfamilien mithilfe von Tausch- und Umkehraufgaben bilden

**1** Verbinde Geteilt- und Malaufgaben, die zusammengehören.
Löse sie.

$12 : 4 = \boxed{3}$     $28 : 7 = \boxed{\phantom{0}}$     $40 : 8 = \boxed{\phantom{0}}$     $27 : 9 = \boxed{\phantom{0}}$

$24 : 3 = \boxed{\phantom{0}}$     $30 : 6 = \boxed{\phantom{0}}$     $20 : 5 = \boxed{\phantom{0}}$

$3 \cdot 4 = \boxed{12}$     $5 \cdot 6 = \boxed{\phantom{0}}$     $5 \cdot 8 = \boxed{\phantom{0}}$

$8 \cdot 3 = \boxed{\phantom{0}}$     $4 \cdot 7 = \boxed{\phantom{0}}$     $4 \cdot 5 = \boxed{\phantom{0}}$     $3 \cdot 9 = \boxed{\phantom{0}}$

**2** Löse die Geteiltaufgaben.
Kontrolliere deine Ergebnisse mit der Umkehraufgabe.
Die Lösungszahlen findest du auch in den Sternen.

**a)**
$24 : 3 = \boxed{8}$     $30 : 6 = \boxed{\phantom{0}}$     $18 : 2 = \boxed{\phantom{0}}$

$\boxed{8} \cdot \boxed{3} = \boxed{24}$     $\boxed{\phantom{0}} \cdot \boxed{\phantom{0}} = \boxed{\phantom{0}}$     $\boxed{\phantom{0}} \cdot \boxed{\phantom{0}} = \boxed{\phantom{0}}$

$20 : 5 = \boxed{\phantom{0}}$     $35 : 5 = \boxed{\phantom{0}}$     $27 : 9 = \boxed{\phantom{0}}$

$\boxed{\phantom{0}} \cdot \boxed{\phantom{0}} = \boxed{\phantom{0}}$     $\boxed{\phantom{0}} \cdot \boxed{\phantom{0}} = \boxed{\phantom{0}}$     $\boxed{\phantom{0}} \cdot \boxed{\phantom{0}} = \boxed{\phantom{0}}$

★ 3   ★ 4   ★ 5   ★ 7   ★ 8   ★ 9

**b)**
$49 : 7 = \boxed{\phantom{0}}$     $54 : 6 = \boxed{\phantom{0}}$     $64 : 8 = \boxed{\phantom{0}}$

$\boxed{\phantom{0}} \cdot \boxed{\phantom{0}} = \boxed{\phantom{0}}$     $\boxed{\phantom{0}} \cdot \boxed{\phantom{0}} = \boxed{\phantom{0}}$     $\boxed{\phantom{0}} \cdot \boxed{\phantom{0}} = \boxed{\phantom{0}}$

$18 : 9 = \boxed{\phantom{0}}$     $32 : 8 = \boxed{\phantom{0}}$     $18 : 3 = \boxed{\phantom{0}}$

$\boxed{\phantom{0}} \cdot \boxed{\phantom{0}} = \boxed{\phantom{0}}$     $\boxed{\phantom{0}} \cdot \boxed{\phantom{0}} = \boxed{\phantom{0}}$     $\boxed{\phantom{0}} \cdot \boxed{\phantom{0}} = \boxed{\phantom{0}}$

★ 2   ★ 4   ★ 6   ★ 7   ★ 8   ★ 9

★ Mal- und Geteiltaufgaben passend zuordnen
★ Geteiltaufgaben mithilfe zugehöriger Malaufgaben lösen, Ergebnisse kontrollieren

**1** Löse die Aufgabenpaare.
Finde die Regeln.

**a)**
16 : 4 = [4]
16 : 8 = [2]

24 : 3 = [ ]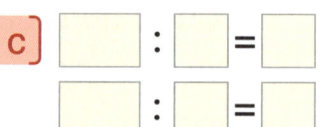
24 : 6 = [ ]

12 : 2 = [ ]
12 : 4 = [ ]

**b)**
10 : 2 = [ ]
10 : 1 = [ ]

20 : 10 = [ ]
20 : 5 = [ ]

24 : 8 = [ ]
24 : 4 = [ ]

**c)**
12 : 6 = [ ]
24 : 6 = [ ]

15 : 5 = [ ]
30 : 5 = [ ]

8 : 2 = [ ]
16 : 2 = [ ]

**2** Bilde selbst Aufgabenpaare wie in **1**.

**a)**
[ ] : [ ] = [ ]
[ ] : [ ] = [ ]

**b)**
[ ] : [ ] = [ ]
[ ] : [ ] = [ ]

**c)**
[ ] : [ ] = [ ]
[ ] : [ ] = [ ]

**3** Finde die Regeln.
Setze die Aufgabenreihen fort und löse die Aufgaben.

**a)**
4 : 2 = [ ]
6 : 3 = [ ]
8 : 4 = [ ]
[ ] : [ ] = [ ]
[ ] : [ ] = [ ]

**b)**
27 : 3 = [ ]
24 : 3 = [ ]
21 : 3 = [ ]
[ ] : [ ] = [ ]
[ ] : [ ] = [ ]

**c)**
2 : 2 = [ ]
4 : 2 = [ ]
6 : 2 = [ ]
[ ] : [ ] = [ ]
[ ] : [ ] = [ ]

**d)**
25 : 5 = [ ]
20 : 4 = [ ]
15 : 3 = [ ]
[ ] : [ ] = [ ]
[ ] : [ ] = [ ]

★ MK: die Bildungsregeln zu vorgegebenen Aufgabenpaaren finden
und selbst Aufgabenpaare zusammenstellen
★ MK: die Bildungsregeln zu vorgegebenen Aufgabenreihen erkennen und Reihen fortsetzen

17 Kinder sitzen
an Zweiertischen.

17 : 2 = 8 **Rest** 1
oder
17 : 2 = 8 **R** 1

8 Zweiertische
sind voll besetzt.
1 Kind sitzt allein
an einem Tisch.

---

**1** Löse die Aufgaben.

**a)** 15 Kinder sitzen an Zweiertischen.

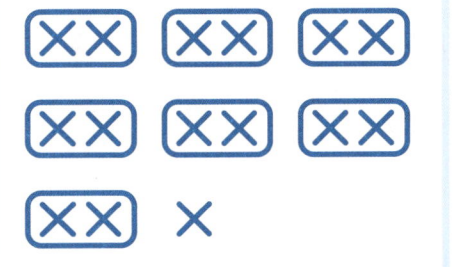

15 : 2 = 7 Rest 1

**b)** 11 Kinder sitzen an Zweiertischen.

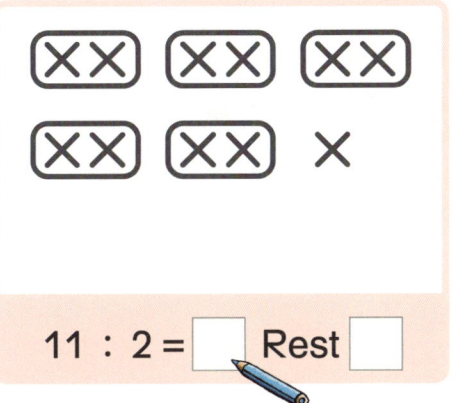

11 : 2 = ☐ Rest ☐

★ anhand einer bildlich veranschaulichten Sachsituation
Geteiltaufgaben mit Rest kennenlernen
★ Geteiltaufgaben mit Rest lösen

49

**1** Suche dir ein anderes Kind.
Legt Geteiltaufgaben mit Steckwürfeln und Wollfäden.

14 : 3 = 4 Rest 2

14 : 3 = 4 und
2 bleiben übrig.

**2** Schreibe zu jedem Bild die passende Geteiltaufgabe.

a)

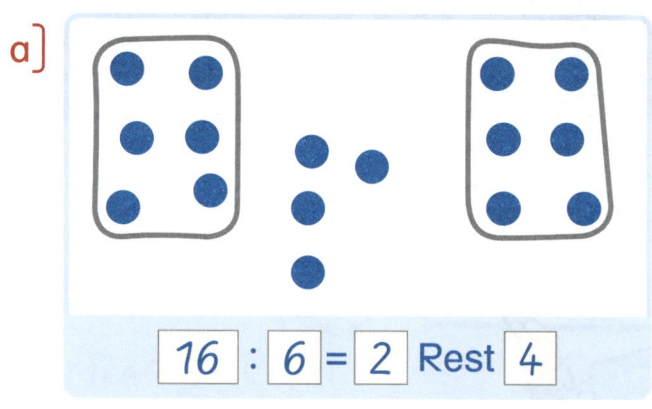

16 : 6 = 2 Rest 4

b)

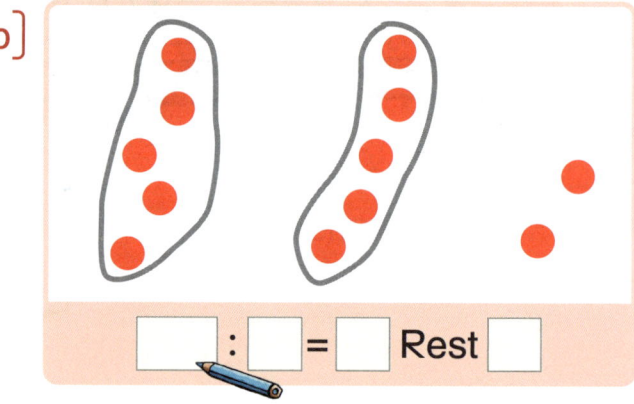

☐ : ☐ = ☐ Rest ☐

c)

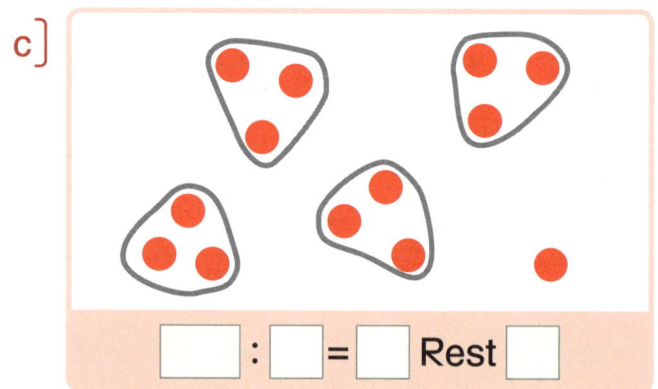

☐ : ☐ = ☐ Rest ☐

d)

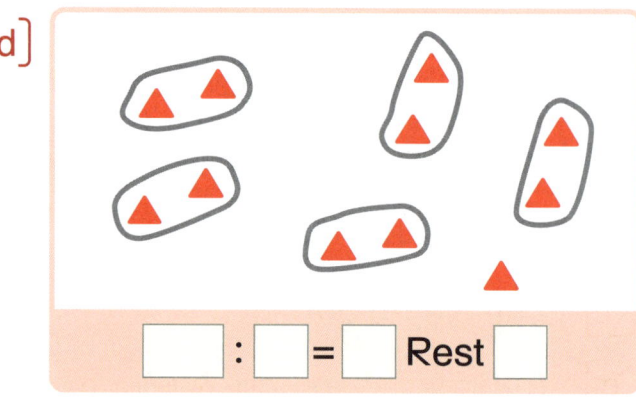

☐ : ☐ = ☐ Rest ☐

e)

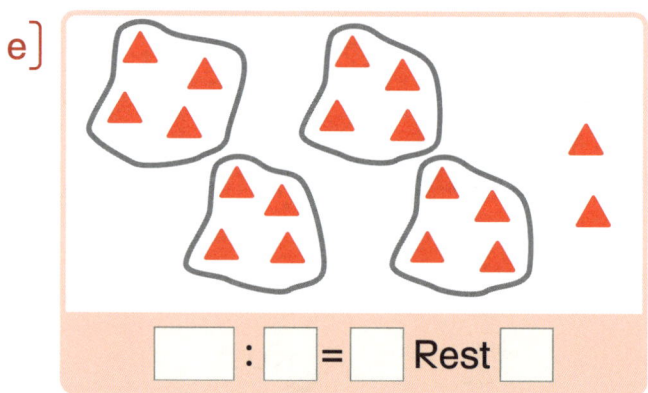

☐ : ☐ = ☐ Rest ☐

f)

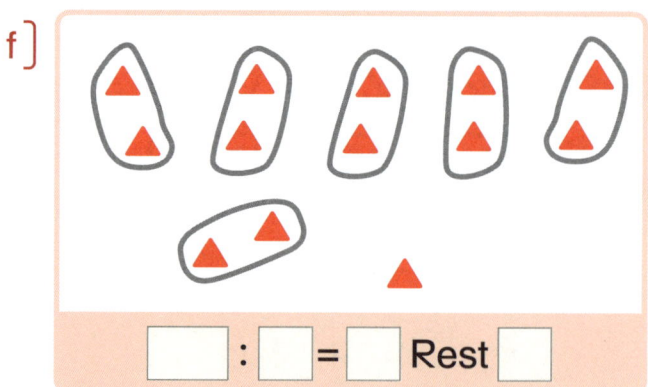

☐ : ☐ = ☐ Rest ☐

★ SF: mit einem Partnerkind handelnd Geteiltaufgaben zusammenstellen, benennen und lösen,
auch mit Rest ★ zu bildlichen Darstellungen Geteiltaufgaben mit Rest finden

**1** Finde zu jeder Geteiltaufgabe das passende Punktebild und die passende Malaufgabe. Verbinde.

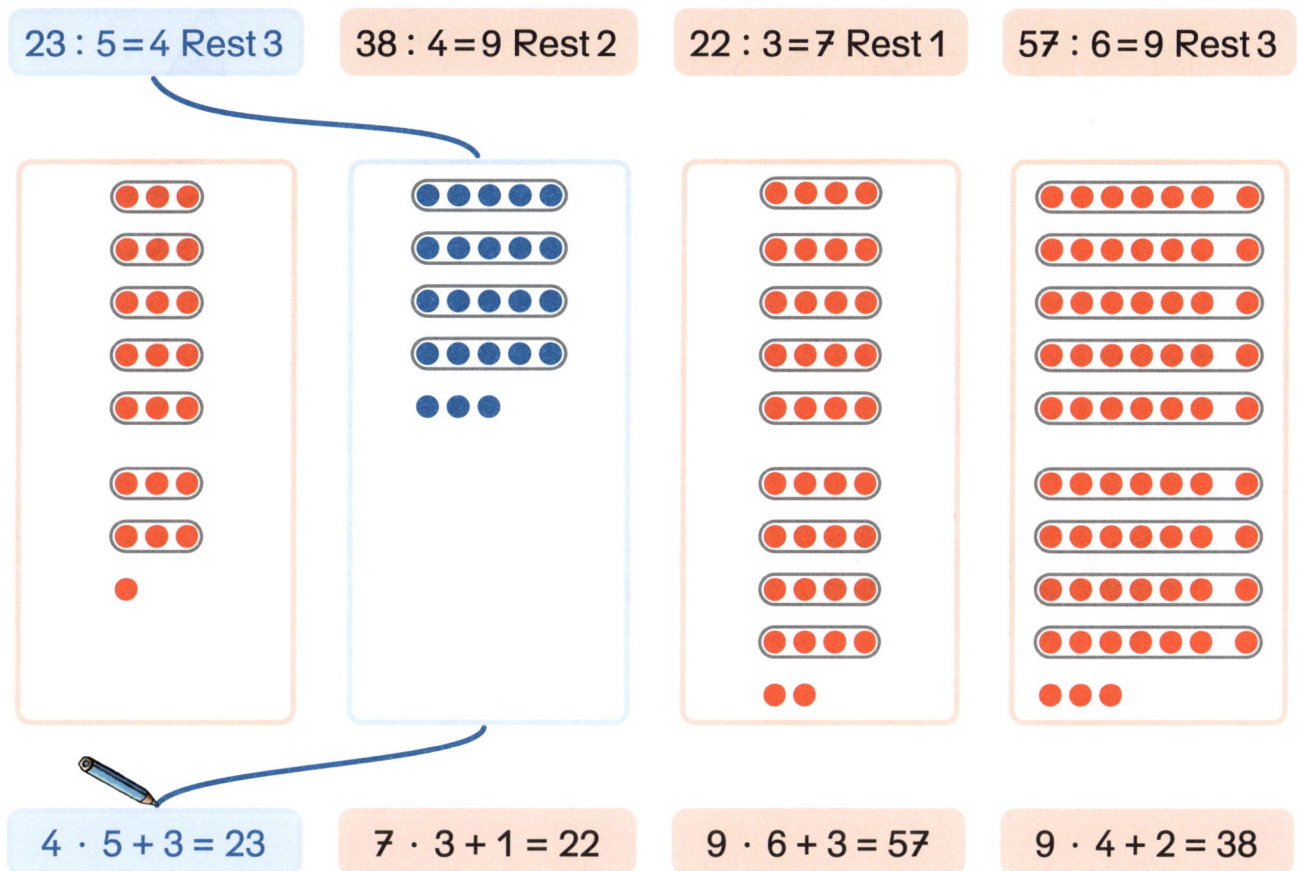

| 23 : 5 = 4 Rest 3 | 38 : 4 = 9 Rest 2 | 22 : 3 = 7 Rest 1 | 57 : 6 = 9 Rest 3 |

| 4 · 5 + 3 = 23 | 7 · 3 + 1 = 22 | 9 · 6 + 3 = 57 | 9 · 4 + 2 = 38 |

**2** Rechne und kontrolliere mit der Malaufgabe.

a)
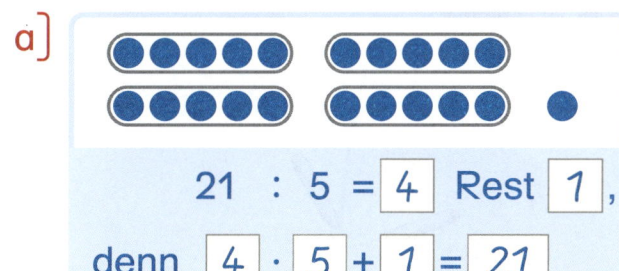

$$21 : 5 = \boxed{4} \text{ Rest } \boxed{1},$$

$$\text{denn } \boxed{4} \cdot \boxed{5} + \boxed{1} = \boxed{21}$$

Ich suche zuerst die Aufgabe ohne Rest.

20 : 5 = 4, dann ist 21 : 5 = 4 Rest 1.

b)
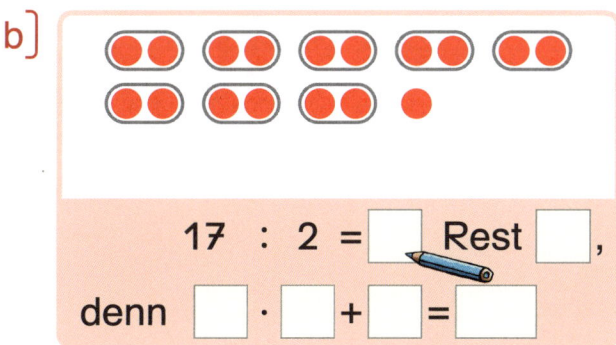

$$17 : 2 = \boxed{\phantom{0}} \text{ Rest } \boxed{\phantom{0}},$$

$$\text{denn } \boxed{\phantom{0}} \cdot \boxed{\phantom{0}} + \boxed{\phantom{0}} = \boxed{\phantom{0}}$$

c)
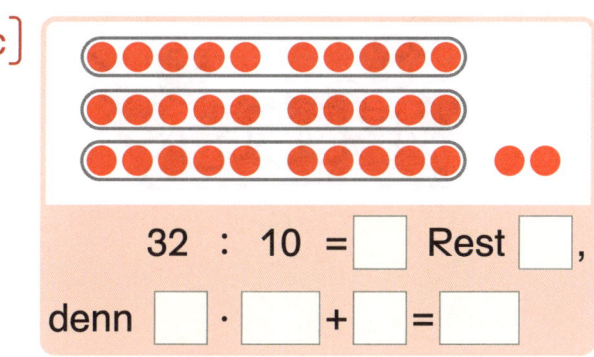

$$32 : 10 = \boxed{\phantom{0}} \text{ Rest } \boxed{\phantom{0}},$$

$$\text{denn } \boxed{\phantom{0}} \cdot \boxed{\phantom{0}} + \boxed{\phantom{0}} = \boxed{\phantom{0}}$$

★ Geteiltaufgaben mit Rest passenden Punktebildern und Malaufgaben zuordnen
★ Geteiltaufgaben mit Rest lösen und mit der Umkehraufgabe kontrollieren

D 52    ÜH 42   AH 48   **51**

Janek klebt 20 Sticker auf.
Er teilt sie so auf, dass immer
10 in einer Reihe kleben.

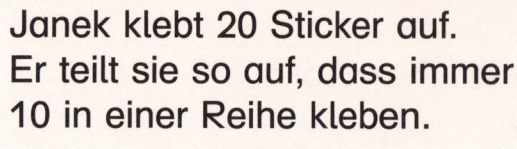

Bilder helfen,
die Aufgabe
zu verstehen.

Ich zeichne
Punktebilder,
das ist
einfacher.

---

**1** Verbinde passend. Löse die Aufgaben und ergänze die Antwortsätze (A).

In jeder der 3 Kisten
sind 10 Bücher.

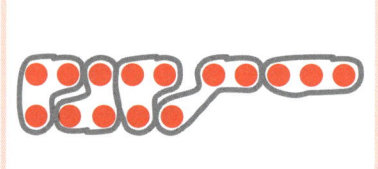

15 : 3 = ☐

Es werden
☐ Gruppen
gebildet.

15 Kinder werden in
3er-Gruppen aufgeteilt.

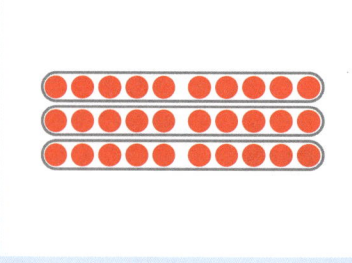

3 · 10 = ☐

Jetzt stehen
☐ Gläser auf
dem Tisch.

Auf einem Tisch stehen
8 Gläser. Die Kinder
stellen 4 Gläser dazu.

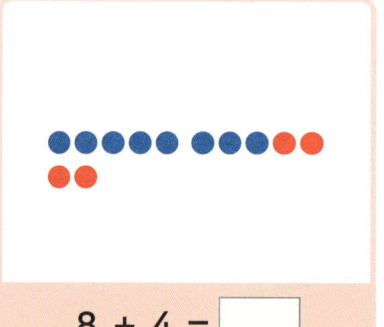

8 + 4 = ☐

Insgesamt sind
es ☐ Bücher.

★ Sachsituationen passenden Punktebildern zuordnen
★ passende Aufgabe lösen
★ Antwortsatz ergänzen

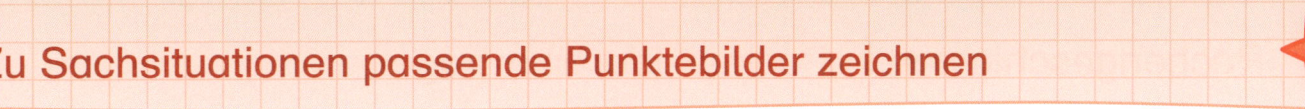

**1** Zeichne passende Punktebilder.
Löse die Aufgaben und ergänze die Antwortsätze (A).

**a** In der Klasse sitzen die Kinder an 5 Vierertischen.

A: In der Klasse sind [20] Kinder.

R: 5 · 4 = [20]

**b** 10 Törtchen werden auf 5 Teller verteilt.

A: Auf jedem Teller liegen [ ] Törtchen.

R: 10 : 5 = [ ]

**c** Von 21 Blumen wurden über Nacht 4 von Schnecken abgefressen.

A: Es stehen noch [ ] Blumen.

R: 21 − 4 = [ ]

**d** 24 Kinder stehen in einer Reihe. 3 Kinder stellen sich hinten an.

A: Jetzt stehen [ ] Kinder in der Reihe.

R: 24 + 3 = [ ]

★ zu Sachsituationen Punktebilder zeichnen
★ passende Aufgabe lösen
★ Antwortsatz ergänzen

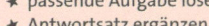 

ÜH 43   AH 49   **53**

**1** Zeichne passende Punktebilder.
Löse die Aufgaben und ergänze die Antwortsätze (A).

**a)**
Max sammelt Sticker.
Er kauft 3 Päckchen.
In jedem Päckchen
sind 5 Sticker.

F: Wie viele Sticker
kauft Max?

R: $3 \cdot 5 = \boxed{15}$

A: Max kauft
$\boxed{15}$ Sticker.

**b)**
Lisa hat 14 Tierkarten.
Sie bekommt von ihrer
Freundin 3 geschenkt.

F: Wie viele Tierkarten
hat sie jetzt?

R: $14 + 3 = \boxed{\phantom{0}}$

A: Lisa hat jetzt
$\boxed{\phantom{0}}$ Tierkarten.

**c)**
Paul schenkt
von seinen
11 Spielzeugautos
3 seinem Bruder.

F: Wie viele
Spielzeugautos
hat er noch?

R: $11 - 3 = \boxed{\phantom{0}}$

A: Paul hat noch
$\boxed{\phantom{0}}$ Spielzeugautos.

**d)**
Anne verteilt
12 Murmeln
an 3 Kinder.

F: Wie viele Murmeln
bekommt jedes
Kind?

R: $12 : 3 = \boxed{\phantom{0}}$

A: Jedes Kind
bekommt
$\boxed{\phantom{0}}$ Murmeln.

★ zu Sachsituationen Punktebilder zeichnen
★ passende Aufgabe lösen
★ Antwortsatz ergänzen

**1** Ordne jedem Punktebild die passende Rechnung (R)
und Rechengeschichte (G) zu.
Kreise ein.

Punktebilder:

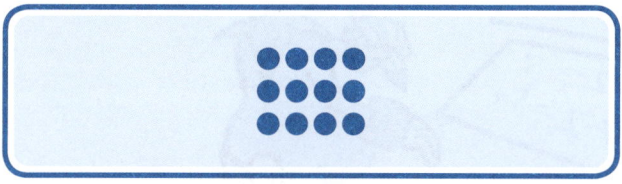

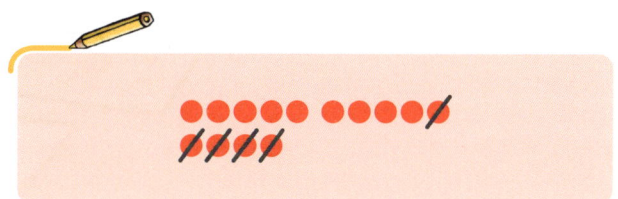

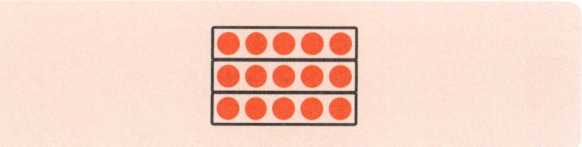

Rechnungen (R):

14 − 5 = ☐     3 · 4 = 12     15 : 5 = ☐     10 : 2 = ☐

Rechengeschichten (G):

Tim und seine Freunde
basteln Kork-Krokodile. Er teilt
15 Korken auf.
Jedes Kind
bekommt 5 Korken.

Im Kunstprojekt haben
die Kinder 14 Teelichter
getöpfert. Leider sind
5 Teelichter im Ofen
kaputt gegangen.

Lea baut Spielzeugautos.
Sie möchte 3 Autos bauen.
Jedes Auto hat 4 Räder.

Maja und Paul basteln
Kastanienmännchen.
Die beiden Kinder
teilen sich
10 Zahnstocher.

Auf dem Hof laufen Hühner. Lea zählt 14 Beine.

F: Wie viele Hühner sind auf dem Hof?

Eine **Skizze** ist ein vereinfachtes Bild und hilft mir.

14 : 2 = 7
oder 7 · 2 = 14

14 Beine – 7 Hühner

**1** Nutze die Skizze (S) als Lösungshilfe.
Löse die Rechnung (R). Ergänze den Antwortsatz (A).

**a** Auf der Wiese laufen Gänse. Patrick zählt 16 Beine.

F: Wie viele Gänse sind auf der Wiese?

S:

R: $16 : 2 =$ ☐

A: Auf der Wiese laufen ☐ Gänse.

**b** Auf einem Backblech liegen Kekse in 5 Reihen mit jeweils 6 Keksen.
In jeder Reihe legt der Bäcker noch jeweils 2 Kekse dazu.

F: Wie viele Kekse liegen insgesamt auf dem Backblech?

S:

R: $5 \cdot 8 =$ ☐

A: Insgesamt liegen ☐ Kekse auf dem Backblech.

**1** Zeichne zu jeder Aufgabe eine Skizze (S).
Schreibe die Rechnung (R). Ergänze den Antwortsatz (A).

**a)** Im Stall sind Schweine. Meral zählt 24 Beine.

F: Wie viele Schweine sind im Stall?

S:

R: ☐ : ☐ = ☐

A: Im Stall sind ☐ Schweine.

**b)** Auf einer Wiese sind Hasen. Maja zählt 14 Ohren.

F: Wie viele Hasen sind es?

S:

R: ☐ : ☐ = ☐

A: Auf der Wiese sind ☐ Hasen.

**c)** Die Blumenverkäuferin stellt immer 4 Blumen in eine Vase.
3 Vasen hat sie schon befüllt. 2 Vasen muss sie noch befüllen.

F: Wie viele Blumen sind dann in den Vasen?

S:

R: ☐ · ☐ = ☐

A: In den Vasen sind insgesamt ☐ Blumen.

★ Sachaufgaben in Skizzen übertragen und mithilfe der Skizzen lösen

**1** Schreibe die Verdopplungsaufgabe auf.

*Das Doppelte von 4 ist 8.*

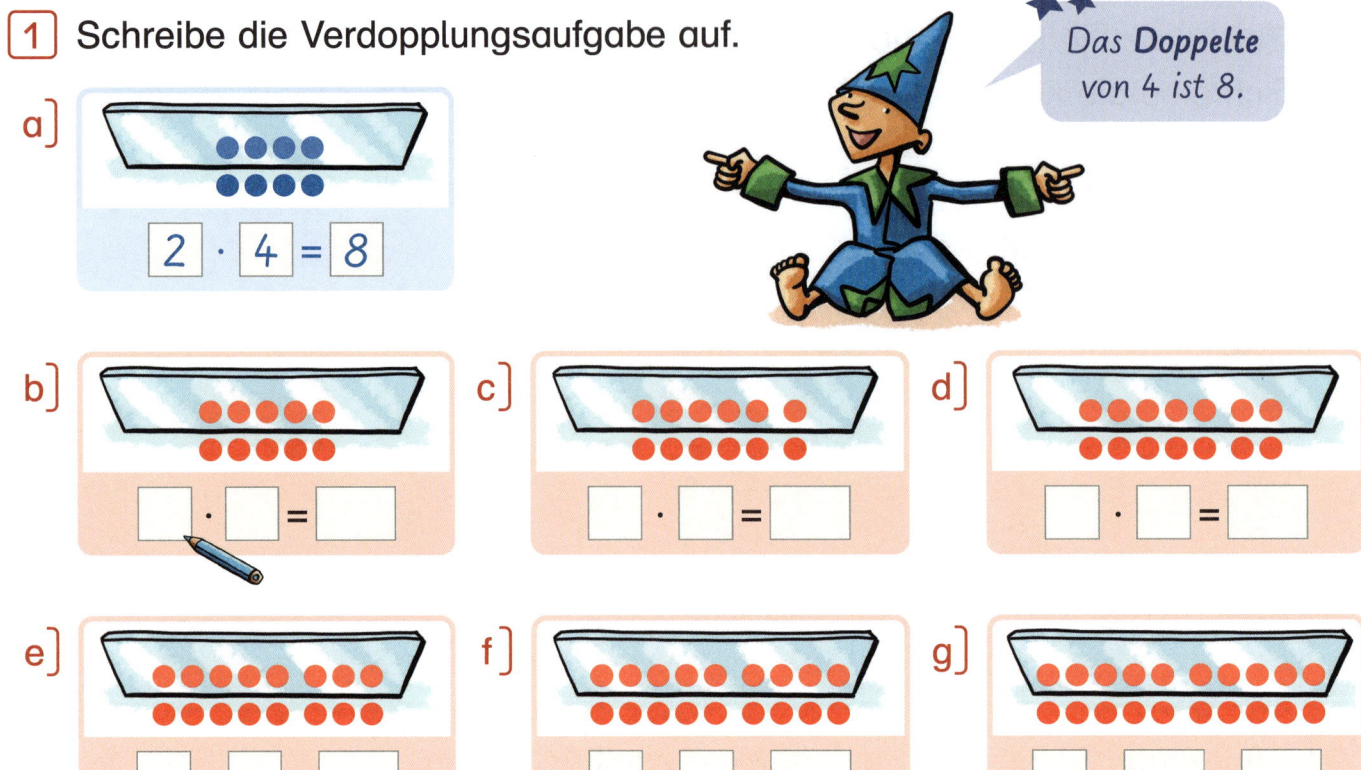

a] $2 \cdot 4 = 8$

b] $\boxed{\phantom{0}} \cdot \boxed{\phantom{0}} = \boxed{\phantom{0}}$

c] $\boxed{\phantom{0}} \cdot \boxed{\phantom{0}} = \boxed{\phantom{0}}$

d] $\boxed{\phantom{0}} \cdot \boxed{\phantom{0}} = \boxed{\phantom{0}}$

e] $\boxed{\phantom{0}} \cdot \boxed{\phantom{0}} = \boxed{\phantom{0}}$

f] $\boxed{\phantom{0}} \cdot \boxed{\phantom{0}} = \boxed{\phantom{0}}$

g] $\boxed{\phantom{0}} \cdot \boxed{\phantom{0}} = \boxed{\phantom{0}}$

**2** Berechne das Doppelte.

a] das Doppelte von 3

$2 \cdot 3 = 6$

b] das Doppelte von 9

$\boxed{\phantom{0}} \bigcirc \boxed{\phantom{0}} = \boxed{\phantom{0}}$

c] das Doppelte von 7

$\boxed{\phantom{0}} \bigcirc \boxed{\phantom{0}} = \boxed{\phantom{0}}$

**3** Löse die Zahlenrätsel. Schreibe passende Rechnungen auf.

*Meine Zahl ist das Doppelte von 6.*

Die gesuchte Zahl ist $\boxed{\phantom{0}}$ .

*Meine Zahl ist das Doppelte von 8.*

Die gesuchte Zahl ist $\boxed{\phantom{0}}$ .

★ bildliche Darstellungen in Verdopplungsaufgaben übertragen
★ Verdopplungsaufgaben lösen
★ SF: Zahlenrätsel zum Verdoppeln lösen

**4** Schreibe die Halbierungsaufgabe auf.

Die **Hälfte** von 8 ist 4.

a)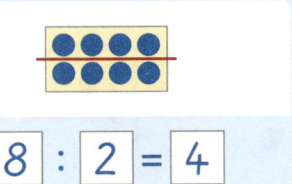

$8 : 2 = 4$

b)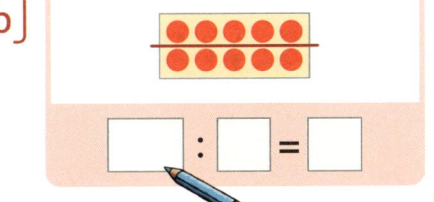

☐ : ☐ = ☐

c)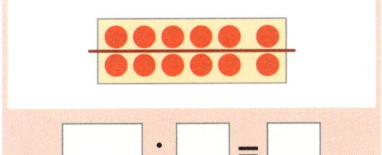

☐ : ☐ = ☐

d)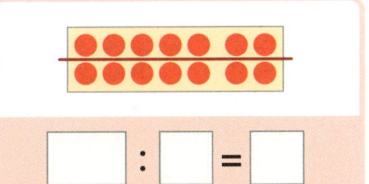

☐ : ☐ = ☐

e)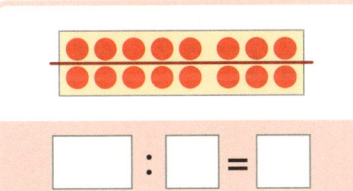

☐ : ☐ = ☐

f)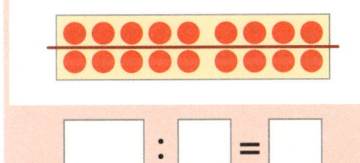

☐ : ☐ = ☐

g)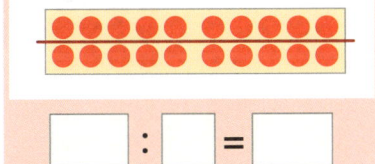

☐ : ☐ = ☐

**5** Berechne die Hälfte.

a) die Hälfte von 6

$6 : 2 = 3$

b) die Hälfte von 16

☐ ◯ ☐ = ☐

c) die Hälfte von 12

☐ ◯ ☐ = ☐

**6** Löse die Zahlenrätsel. Schreibe passende Rechnungen auf.

Meine Zahl ist die Hälfte von 14.

Die gesuchte Zahl ist ☐.

Meine Zahl ist die Hälfte von 18.

Die gesuchte Zahl ist ☐.

★ bildliche Darstellungen in Halbierungsaufgaben übertragen
★ Halbierungsaufgaben lösen
★ SF: Zahlenrätsel zum Halbieren lösen

**1** Versuche, die Zahlen in zwei gleiche Teile zu zerlegen.
Schreibe dein Ergebnis auf.

a]

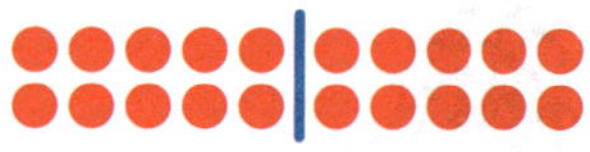

20 *halbieren geht*

b]

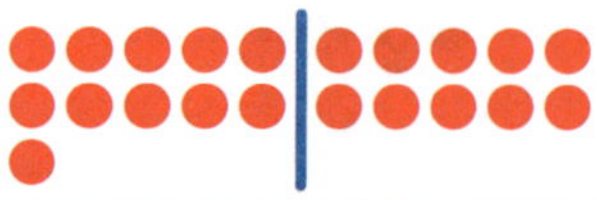

21 *halbieren geht nicht*

c]

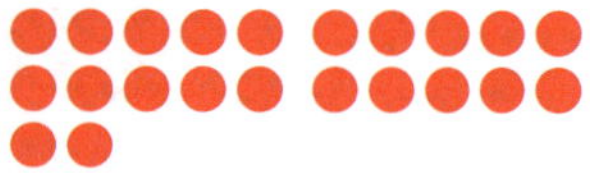

d]

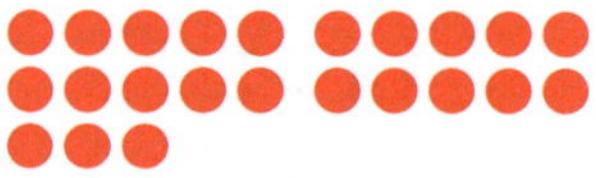

e]

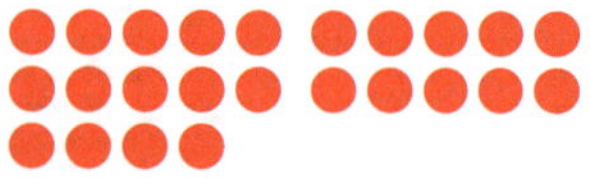

f]

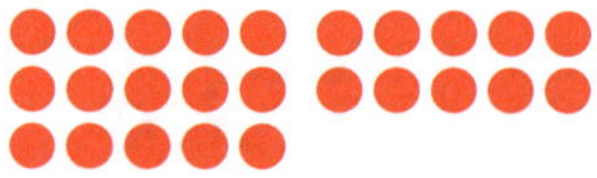

g]

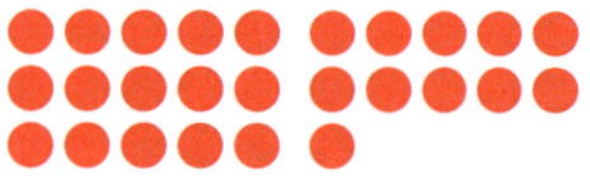

h]

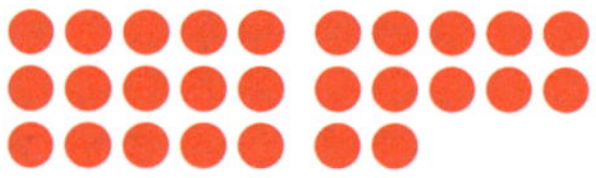

i]

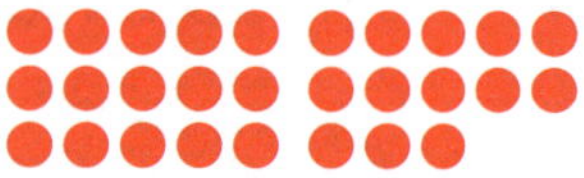

j]

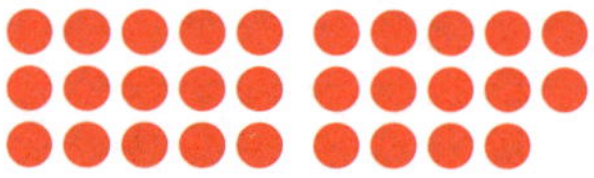

**2** Schreibe alle Zahlen von Aufgabe **1** auf, …

a] … die man halbieren kann: _____

b] … die man nicht halbieren kann: _____

**3** Besprich mit einem anderen Kind, welche Gemeinsamkeit die Zahlen
haben, die du halbieren kannst.
Tipp: Sieh dir die Einer an.

★ bei bildlich dargestellten Zahlen herausfinden, welche in zwei gleiche Teile
zerlegt werden können und Ergebnisse geordnet notieren
★ SF: gemeinsame Eigenschaft von halbierbaren Zahlen finden und beschreiben

# 7 Gerade und ungerade Zahlen erkennen

*Ich schaue auf die Einer.*

Zahlen, die man in zwei gleiche Teile zerlegen kann, sind **gerade Zahlen**.

35 ist eine **ungerade Zahl**.

36 ist eine **gerade Zahl**.

**1** Ordne nach geraden und ungeraden Zahlen.

**a)**
~~11~~ ~~15~~ ~~17~~
~~16~~ ~~14~~ ~~18~~

gerade Zahlen: *14, 16, 18*

ungerade Zahlen: *11, 15, 17*

**b)**
22   23   29
21   20   24

gerade Zahlen: *20*

ungerade Zahlen:

**c)**
43   45
41
48   46   40

gerade Zahlen:

ungerade Zahlen:

**d)**
53   55   56   57
52   54

gerade Zahlen:

ungerade Zahlen:

**e)**
75   76   71
79   73   74

gerade Zahlen:

ungerade Zahlen:

**f)**
93   97   91
90   92   98

gerade Zahlen:

ungerade Zahlen:

★ beim Ordnen Kenntnisse zu den Eigenschaften von geraden und ungeraden Zahlen anwenden
★ in vorgegebener Zahlauswahl gerade und ungerade Zahlen finden

**1** Notiere die Hausnummern von folgenden Gebäuden:

**a** Bäckerei: **63**  **b** Haus mit der weißen Tür: [ ]

**c** Blumenladen: [ ]  **d** graues Haus: [ ]

**e** Haus mit der Katze im Fenster: [ ]

**2** Schreibe die Hausnummern der linken und der rechten Straßenseite auf.
Setze die Reihen fort.

**a** linke Straßenseite: *61, 63,* _____

**b** rechte Straßenseite: *60, 62,* _____

**3** Ermittle die Hausnummer der Metzgerei. [ ]

**4** Betrachte die Hausnummern in **2**.
Verbinde passend.

| | |
|---|---|
| Auf der rechten Straßenseite haben die Häuser … | … ungerade Hausnummern. |
| Auf der linken Straßenseite haben die Häuser … | … gerade Hausnummern. |

★ einem Bild Hausnummern zu vorgegebenen Gebäuden entnehmen ★ Hausnummern nach rechter und linker Straßenseite ordnen und fortsetzen ★ Merkmale von Hausnummern in Abhängigkeit von der Straßenseite erkennen und beschreiben

## Einstern 2 – leicht gemacht

### Themenheft 3

★ Multiplikation und Division, Einmaleins
★ Flächen  ★ Sachaufgaben Teil 3
★ Verdoppeln und halbieren/Gerade und ungerade Zahlen

| | |
|---|---|
| Erarbeitet von: | Roland Bauer und Jutta Maurach |
| Redaktion: | Sophie Arndt, Agnetha Heidtmann, Friederike Thomas |
| Illustration: | Yo Rühmer |
| Umschlaggestaltung: | Cornelia Gründer, agentur corngreen, Leipzig |
| Layout und  technische Umsetzung: | lernsatz.de |
| Bildquellen: | **S. 22 Paul Klee: Burg und Sonne** Castle and Sun – Klee, Paul (1879-1940) – 1928 – Oil on canvas – 50×59. Private Collection/Photo. Bridgeman Images © Fine Art Images; **Wassily Kandinsky: Weicher Druck** (1866–1944), Soft pressure, 1931 (oil on plywood). Bridgeman Images/The Riklis Collection of McCrory Corporation. |

**Begleitmaterialien für Lernende der zweiten Klasse**

| | | | |
|---|---|---|---|
| Einstern 2 Paket Verbrauchsmaterial | 978-3-06-084735-8 | BigBook | 978-3-06-084796-9 |
| Einstern 2 *leicht gemacht* | | BuchTaucher-App | 978-3-06-084762-4 |
| Paket Verbrauchsmaterial | 978-3-06-084741-9 | Interaktive Übungen | 978-3-06-084767-9 |
| Arbeitsheft | 978-3-06-084758-7 | GrundschulTrainer-App | 978-3-06-084449-4 |
| Übungssternchen | 978-3-06-084732-7 | | |

 Deine **interaktiven Gratis-Übungen** findest du hier:

1. Gehe auf scook.de.
2. Gib den unten stehenden Zugangscode in die Box ein.
3. Hab viel Spaß mit deinen Gratis-Übungen.

Dein Zugangscode auf
# www.scook.de  |  fgocr-n465g

www.cornelsen.de

1. Auflage, 2. Druck 2022

Alle Drucke dieser Auflage sind inhaltlich unverändert
und können im Unterricht nebeneinander verwendet werden.

© 2021 Cornelsen Verlag GmbH, Berlin

Druck: Athesiadruck GmbH

ISBN 978-3-06-084721-1
ISBN 1100027549 (Themenhefte 1–4 *leicht gemacht* und Diagnose-Sternchen als E-Book)

**PEFC zertifiziert**
Dieses Produkt stammt aus nachhaltig
bewirtschafteten Wäldern und kontrollierten
Quellen.
www.pefc.de

PEFC/18-31-166

## Vorschläge für Plenumsphasen zum vertiefenden Erwerb prozessbezogener Kompetenzen

S. 4 Kinder lernen die Multiplikation als fortgesetzte Addition des gleichen Summanden kennen, bilden anhand gegenständlicher/bildlicher Beispiele Plusaufgaben und leiten die zugehörigen Malaufgaben ab (→BigBook: Seite 22)

S. 6 Kinder stellen am Hunderterfeld mithilfe des Malwinkels Punktebilder und die dazugehörenden Plus- und Malaufgaben vor

S. 7 Kinder betrachten Punktebilder aus verschiedenen Richtungen, dabei erkennen und beschreiben sie die Eigenschaften von Tauschaufgaben (→BigBook: Seite 24)

S. 8 Kinder leiten mithilfe von Punktebildern aus einer Aufgabe die beiden Nachbaraufgaben ab; erkennen, dass bei einer Nachbaraufgabe vom Punktebild eine Reihe weggenommen wird, bei der anderen eine Reihe hinzukommt

S. 9 Kinder bilden mithilfe von Punktebildern durch Addition und Subtraktion von Malaufgaben neue Malaufgaben und bereiten so das Rechnen mit den Kernaufgaben vor

S. 12 Kinder bilden mithilfe der Kernaufgaben die weiteren Aufgaben aus dem Einmaleins mit 5 und erkennen, dass man mithilfe der Kernaufgaben alle weiteren Malaufgaben ableiten kann (→BigBook: Seite 26)

S. 13/29/ Kinder beschreiben Zusammenhänge von Aufgaben und Ergebnissen „verwandter" Einmaleinsreihen und leiten
32/34 daraus ggf. Lösungshilfen ab

S. 16 Kinder erkennen und beschreiben, dass sie über die Tauschaufgaben der bekannten Reihen bereits die Kernaufgaben der noch nicht erarbeiteten Reihen lösen können

S. 17/18 Kinder erkennen und beschreiben, dass sie mithilfe der Kernaufgaben (Tauschaufgaben der bekannten Reihen) bereits alle Malaufgaben des kleinen Einmaleins lösen können

S. 21 Kinder nennen oder zeigen gezeichnete oder fotografierte Beispiele für geometrische Grundformen aus ihrem Alltag, benennen diese mit Fachbegriffen und beschreiben deren Eigenschaften; dabei benennen sie auch Kriterien guter Beschreibungen

S. 22 Kinder erkennen und benennen geometrische Grundformen in Gemälden

S. 25 Kinder vergleichen die Ergebnisse beim Auslegen von jeweils gleichen Flächen mit unterschiedlichen Formenplättchen; sie entdecken und beschreiben Zusammenhänge

S. 38 Kinder beschreiben ihre Entdeckungen in der Einmaleinstafel und verwenden dabei Begriffe wie „Tauschaufgaben", „Nachbaraufgaben" und „Quadratzahlen" (→BigBook: Seite 28)

S. 40/42 Kinder stellen eigene Beispiele vor, bei denen etwas aufgeteilt bzw. verteilt wird (→BigBook: Seite 30)

S. 45 Kinder beschreiben den Zusammenhang zwischen Multiplikation und Division und verwenden dabei den Begriff „Umkehraufgabe"

S. 48 Kinder beschreiben Strukturen bei Aufgabenpaaren und Aufgabenreihen anhand vorgegebener und selbst gefundener Beispiele

S. 55 Kinder präsentieren zu gleichen Punktebildern gefundene unterschiedliche Rechengeschichten und entdecken Gemeinsamkeiten

S. 56/57 Kinder stellen Skizzen vor, vergleichen und bewerten diese

S. 60 Kinder entdecken und beschreiben, dass Zehner und eine gerade Anzahl von Einern in zwei gleiche Teile zerlegt werden können; sie leiten Schlussfolgerungen hinsichtlich der Bestimmung von geraden bzw. ungeraden Zahlen ab


## Vorschläge für die Förderung von Medienkompetenz

S. 4 Kinder legen eine Sammlung der gezeichneten oder fotografierten Beispiele an oder erstellen in Kleingruppen Plakate

S. 20 Kinder legen eine (digitale) Sammlung der Abbildungen an, gestalten in Kleingruppen Plakate und/oder eine Ausstellung

S. 22 Kinder recherchieren ein weiteres Bild von Paul Klee und zeigen die darin vorkommenden Formen einem Partnerkind

S. 24 Kinder suchen in Bastelbüchern oder im Internet nach Faltanleitungen und setzen diese um;
Kinder erstellen selbst Erklärvideos mit Faltanleitungen

### Synopse zu den Medienkompetenzbereichen

| | |
|---|---|
| Suchen, Verarbeiten und Aufbewahren | S. 4, 20, 22, 24 |
| Produzieren und Präsentieren | S. 4, 20, 22 |
| Problemlösen und Handeln | S. 13, 15, 16, 22, 24, 29, 32, 34, 39, 48 |